U0076682

石子溫如玉

瑞昇文化

有匪君子，
如切如磋，
如琢如磨。

有匪君子，
充耳琇瑩，
會弁如星。

君子溫如玉 目錄

重磅新聞

第一屆

君子藝能大賞

　　重磅新聞！首屆君子藝能大賞正

式開啟！十九位俊美君子隆重登場！

　　琴棋書畫、詩詞歌賦、騎馬射

箭，無所不能。

　　溫柔暖男、霸道將軍、高冷男

神，總有一位能贏得你的芳心。

　　還等什麼，快來給小哥哥們打

call吧！

屈原

愛國名士
寫賦小能手

【暱◇稱】

屈◇原

【代表作】

《離騷》、《九歌》、《天問》

【參賽宣言】

路漫漫其修遠兮，吾將上下而求索。

李

李白

暱稱 酒中仙

【代表作】《蜀道難》、《將進酒》、《俠客行》

【參賽宣言】人生得意須盡歡，莫使金樽空對月。

白

扶蘇

扶◇蘇
暱◇稱
溫柔小王子

【代表事蹟】 反對坑儒
【參賽宣言】

山有扶蘇，隰有荷華。不見子都，乃見狂且。

李　煜

李煜

暱◇稱

花間派男神
亡國後主

【代表作】《虞美人》、《相見歡》二首

【參賽宣言】問君能有幾多愁，恰似一江春水向東流。

曹植

【曙◇稱】天才少年 ●

【曹◇植】

【代表作】《七步詩》、《白馬篇》、《洛神賦》

【參賽宣言】人居一世間，忽若風吹塵。

白

居

易

白居易

癡情詩人
香山居士

暱◇稱

【代表作】《長恨歌》、《賣炭翁》、《琵琶行》

【參賽宣言】晚來天欲雪，能飲一杯無？

謝 ◇ 安

【代表作】《蘭亭詩》、《與王胡之詩》二首

【參賽宣言】任天下如棋局，波譎雲詭，我心卻如止水，只為你悸動。

【暱◇稱】佛系青年
圍棋專業九段

柳 ◇ 永

【暱◇稱】白衣卿相
婉約派大神

【代表作】《雨霖鈴》、《蝶戀花・佇倚危樓風細細》、《望海潮》

【參賽宣言】衣帶漸寬終不悔，為伊消得人憔悴。

【暱◇稱】
抗金達人
詞中之龍

辛棄疾

【代表作】《水龍吟·登建康賞心亭》、《美芹十論》、《永遇樂》

【參賽宣言】眾裡尋他千百度，驀然回首，那人卻在，燈火闌珊處。

【暱◇稱】
神童大大
滕王閣旅遊大使

王◈勃

【代表作】《滕王閣序》、《送杜少府之任蜀州》

【參賽宣言】海內存知己，天涯若比鄰。

蘇軾

【暱◇稱】
東坡居士
美食博主

【代表作】《水調歌頭》、《江城子》、《念奴嬌‧赤壁懷古》

【參賽宣言】人有悲歡離合，月有陰晴圓缺，此事古難全。

唐

虎

唐 ◆ 寅

【曙◇稱】 風流才子

伯

唐 ◆ 寅

【代表作】《落霞孤鶩圖》、《杏花茅屋圖》、《春山伴侶圖》

【參賽宣言】 桃花仙人種桃樹，又摘桃花換酒錢。

【代表作】《秋郊飲馬圖》、《秀石疏林圖》、《膽巴碑》

【參賽宣言】不假丹青筆，何以寫遠愁。

趙孟頫

【暱◇稱】元朝美男子
楷書導師

【代表作】《承嫂病不減帖》、《新月帖》

【參賽宣言】既見君子，云胡不喜。
淺喜似蒼狗，深愛如長風。

王徽之

【暱◇稱】任性『酷蓋』
不羈名士

颜

書法大拿
忠國義士

【暱◇稱】
顏真卿

【代表作】《祭姪文稿》、《多寶塔碑》、《顏勤禮碑》

【參賽宣言】君子懷幽趣，謙恭禮樂才。經心皆識見，書史盡通該。

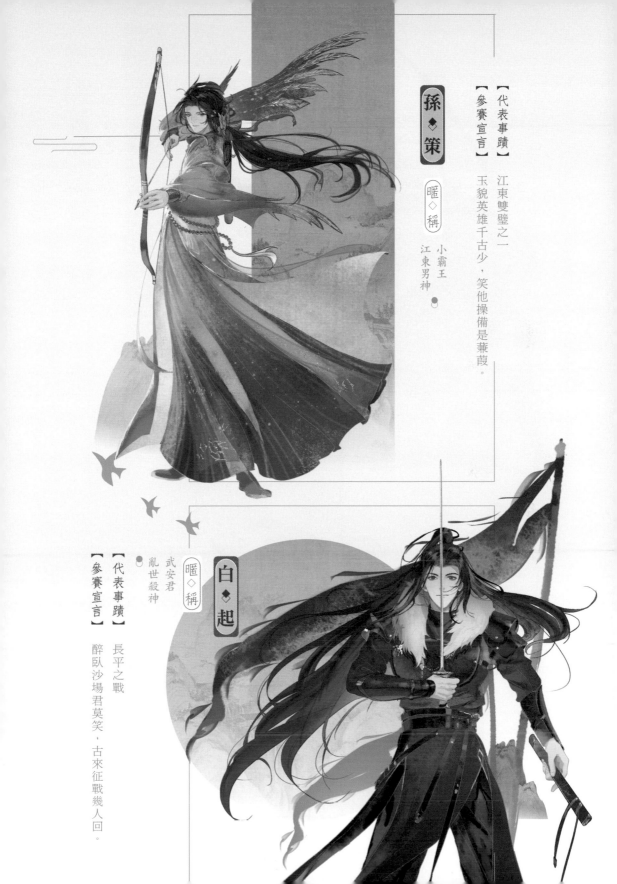

【代表事蹟】 江東雙璧之一

【參賽宣言】 玉貌英雄千古少，笑他操備是蒹葭。

孫策

【暱稱】 小霸王　江東男神

【代表事蹟】 長平之戰

【參賽宣言】 醉臥沙場君莫笑，古來征戰幾人回。

白起

【暱稱】 武安君　亂世殺神

霍去病

【暱◇稱】
冠軍侯
少年英雄
匈奴煞星

【參賽宣言】
【代表事蹟】　封狼居胥
黃沙百戰穿金甲，不破樓蘭終不還。

韓◆信

【暱◇稱】
兵仙

【代表事蹟】　胯下之辱、垓下之圍
【參賽宣言】
易水蕭蕭西風冷，滿座衣冠似雪。

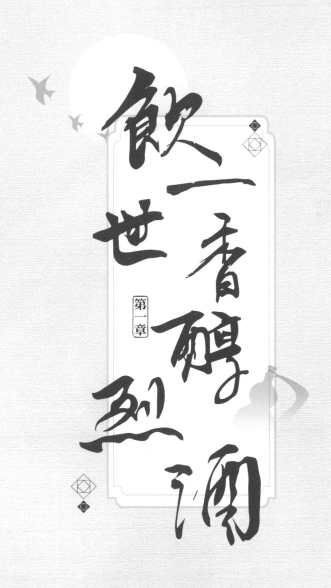

飲一香醇烈酒 世一 第一章

戀與雅君子

文／拂羅

高長恭

搜索 get
同名古風
戀愛互動小說

歡迎進入系統介面，您獲得身份【願望受理人02號】，即將進入本書

四個副本世界，幫助請願人實現心願！

注：您的每一個選擇將影響任務成功率。

· 三張超能力卡牌請查收 ·

· 日行千里 ·

擁有迅速移動之力

· 百戰百勝 ·

擁有戰無不勝之力

· 莊生迷夢 ·

回溯時間探知
過往之力

Mission List —————————— ［任·務·單］

請願人：高長恭

朝代：南北朝

任務背景：北齊河清三年，北周攻北齊，派十萬大軍圍洛陽。北齊各地兵馬趕來，遲遲不能突破北周第二道防線，金墉城已彈盡糧絕，正是千鈞一髮之際。

請願人身份：北齊宗室將領，解圍洛陽將領之一，音容兼美，武功高強，廢帝賜名—蘭陵王。

執行人：02號

備註：無

西元 564 年十二月，連日大雪，騎兵難行，洛陽即將淪陷，就在無數北齊將士期望奇跡降臨時——

只見一人影飄飄自九天降下，風雪驟停，三軍大振，紛紛叩拜：「是助我等攻城的仙家啊！」

1

什麼仙人！

這雪早不停晚不停，怎麼偏偏在妳穿越過來的時候停？這謊可扯大了，待會兒高長恭來見妳，該怎麼圓這個謊？

妳端坐在將士們為妳安排的軍帳裡，佯裝高深，陷入沉思。

這次穿越坑得很。

當時妳發現自己正好穿越到了高長恭的軍營裡，周圍都是帶著刀的漢子，妳一邊暗罵著系統一邊哆哆嗦嗦地爬起來，為了活命只好自稱神仙。妳想說本大仙要見高長恭，一開口，先打了個大噴嚏。

十二月的風可不是鬧著玩兒的，周圍的漢子們只知叩拜，誰都沒發現妳快凍僵了。

眾將士忽然敬畏地退開，紅袍將領在寒風裡打馬而來，身材頎長，英姿颯爽。妳抬起頭，見此人戴一副獠牙鬼面，心中了然，來人便是這次任務的請願人——蘭陵王高長恭了。

「王爺！」士兵跑至馬前細細稟報。

紅袍將領聽完，居高臨下出聲：「妳就是那個闖入我大營的仙家？」

聲音隔著鬼面發出，仍十分好聽，聽起來如春風沐面。妳顧不得他語氣裡的淡漠，拚命點頭：「具體的咱們入、入、入帳再說……」

妳想強撐從容，但妳快凍死了。

「哦？」好聽的低音又淡淡傳來，「仙家還怕人間風雪嗎？」

這人絕對是故意的。

妳打著哆嗦：「我此番下凡助你，用的乃是凡胎肉體，所以⋯⋯哈啾！」

一聲輕笑傳入妳耳中，又很快被淹沒在寒風裡，讓人疑心是風雪送來的錯覺。

「送仙家入帳歇息，過些時候我再細問。」

妳就這麼被人客客氣氣帶走了，高長恭還極「貼心」地送來倆衛兵守著妳。過會兒他來盤問，若是不能讓他信服，估計這個副本就直接GG了。

正想著，見一人掀簾而來，鬼面倒映寒光，寒風也隨之灌入。

妳沒料到高長恭來得這麼快，連忙坐直了腰板。

「那雪真是妳停住的？」高長恭開門見山地問。

怎麼辦怎麼辦，說實話會不會被他殺掉？可說謊被他拆穿怎麼辦？妳的腦子飛速運轉。

（A）

有骨氣地說是

◆ 跳轉4 ◆

（B）

沒骨氣地承認不是

◆ 跳轉3 ◆

2

任務成功率0%

橫豎一條命，拚了！

妳沒去追高長恭，繼續扮仙家，高長恭也果然沒再來找過妳。

不料第二日便吹起了浩大的風雪，眾人覺得妳身份可疑，高長恭下令將妳處決，遊戲結束。

達成結局【出師未捷】

3

任務成功率80%

說實話的孩子有糖吃！

妳連忙利索地爬起來：「不是不是，我沒有讓雪停下的能力，但我……」

妳本想起身以表敬意，不料剛走了兩步，腳下不知絆到了什麼，一失足踉蹌著朝他撲去。只聽見他詫異地「嗯」了一聲，妳的腦門已經磕在了他的盔甲上。

高長恭下意識地一抬手，扶住妳的雙臂，隔著面具低頭與妳對視。

妳看清了他面具後寫滿了疑惑的黑眸。

場面有點尷尬。

他很快鬆手，低咳一聲，語氣恢復平靜：「那我留妳有什麼用？」

「你聽我說完！」妳連忙繼續道，「但我真的有仙術，我能實現你的願望！你的願望是解圍金墉城對吧？你看我猜得準吧！」

他沉默了下，緩緩答道：「如今兵臨城下，但凡是個人，就能猜到。」

場面很尷尬。

「看來你不信有神仙啊。」妳訕訕地笑了笑。

「我不信有妳這麼笨的神仙。」

怎麼還人身攻擊呢！妳拿起手裡的超能力卡牌，決定露一手給他瞧瞧。

使用【百戰百勝】卡
證明自己的武力
◆ 跳轉5 ◆

使用【日行千里】卡
運來遠方的葡萄
◆ 跳轉8 ◆

〔4〕

任務成功率50%

「正是我。」妳決定繼續扯謊，挺直腰板回道：「我在天上聽見你的願望，見你心誠，特來相助……」

「那第二日的雪停，也要拜託仙家了，還有第三日、第四日，直到我們解圍金墉城。」

啊？等等，妳話還沒說完啊？

高長恭緩步走近，望著妳，聲音在面具下微微發冷：「倘若中途再下一次大雪……那就別怪長恭懷疑仙家是敵人派來的細作了。」

原來此人從一開始就沒信任過妳！

妳冷汗直冒，目送著他轉身向帳外走去，在他即將邁出步伐的前一刻，妳一咬牙，決定……

A

繼續裝

◆ 跳轉2 ◆

B

「慢著，我沒有讓雪停的能力！」

◆ 跳轉3 ◆

⑤

任務成功率100％

「拿兵器來，看好了！」

妳使用了【百戰百勝】，向高長恭約戰。

當日在無數將士的喝彩聲裡，妳以精彩的一戰將蘭陵王打敗。

「如何？」妳揮舞長戟對準了他，微一揚眉，神采飛揚，「我能助你殺敵吧？」

高長恭拍掉身上的雪，此戰他也打得盡興，笑道：「是我小瞧妳了，七日後我要率五百將士衝入敵軍包圍圈，妳便隨我同去吧。」

妳被收編入蘭陵王的部隊中，隨他衝鋒陷陣，與五百將士一同解金墉城之圍。此戰過後蘭陵王揚名天下，妳也以卓越的身手在軍中聞名。

心願達成，妳即將退出副本。

他為妳開了一場熱鬧的送別宴，宴席上高長恭喝醉了酒，拍著妳的肩膀，一字一句道：「我高長恭永遠是妳的好友。」

達成結局【與子同袍】

⑥

河清三年，高長恭率五百騎兵衝入北周包圍陣，兵將皆紅袍，如烈火侵襲黑夜

一般，一路殺到金墉城下。金墉守軍驚懼之下，不知來者何人，直到高長恭摘下鬼面，露出容貌，守軍大喜：「是蘭陵王，自己人！快放箭相助！」

蘭陵王殺得敵人潰不成軍，三十里內皆是敵軍敗走時丟棄的盔甲，此戰天下聞名。

系統提醒妳，任務圓滿結束，是該回去的時候了。

另一邊，妳聽見高長恭邀妳入城參加慶祝宴的消息，妳決定……

A
瀟灑離開
◆跳轉10◆

B
入城一見
◆跳轉7◆

⑦

城中辦了熱鬧的篝火宴會，將士們皆戴鬼面，圍著篝火奏樂起舞，正是歷史上有名的〈蘭陵王入陣曲〉。

妳趕到時，不少將士醉醺醺地來拉妳喝酒，不勝酒力的妳喝得跌坐在火堆旁，忽然聽見熟悉的聲音響起。

「我替她喝。」

是誰……在替妳擋酒？

妳迷迷糊糊地抬頭，怎麼也看不清那人的側臉，只覺得他白淨得好似個女子，直到他在妳身旁坐下，無奈地拾起面具往臉上一蓋：「我是誰？」

妳恍然大悟，是長恭啊。

「真是摘了面具不認人，」他頓了頓，「接下來去哪，留在我這兒吧？」

妳搖搖頭，心中莫名一陣悵然：「任務完成，我要回去了。」

「回哪兒去？天宮？」他的語氣低落。

「不是不信神仙嗎？反正是你不知道的地方。」

他沒回答，沉默了一會兒。

他低聲喚妳。

妳轉過頭，見他正摘了鬼面望著妳，深邃的黑眸裡映著妳的臉龐。

慶功宴的舞，篝火旁的笑，好像倏忽被推遠了，這張柔美的臉讓人想起許多靜而美的事，文人的詩、墨客的詞、中原的垂楊柳、漠北的月牙泉⋯⋯唯獨無法與這個亂世、這身盔甲聯繫在一起。

妳眼前一黑。

是他將尚留餘溫的面具蓋在妳臉上，攜著他的氣息，面具外那動人的眉眼，也一併輕輕地覆來了。

「這七日，妳是長恭信奉的神。」他低聲道。

達成結局【臨別一吻】

⑧

「你看好了，我馬上就能讓你吃到大宛當地產的葡萄！」

妳使用了【日行千里】，呼哧呼哧地搬來了一大捧遠方的葡萄，氣喘吁吁地往他懷裡一塞：「拿著！」

高長恭果然有點懵，沒接。妳隔著面具看不清他此時的表情，可惜了。

「客氣什麼？」妳滿臉高興，硬把這幾串葡萄遞給他，要不是他戴著面具，妳都想摘個葡萄塞他嘴裡，「拿著拿著，倍兒甜！」

高長恭捧著一大堆葡萄，陷入沉思：「如此仙術⋯⋯」

這下可揚眉吐氣了，妳叉腰望著他。

「能否千里之外取上將首級？」他冷靜地問妳。

不愧是行軍打仗的人，就是會活學活用，妳驚得張了張嘴，連忙推辭：「不不不，我是神仙，我不能破戒殺人的，這是你們凡人的事兒！除了這個，其他事你儘管讓我幫忙！」

高長恭「唔」了一聲，琢磨著什麼。過了一會兒，他叮囑妳：「七日後我要率五百將士，直接突入敵軍包圍圈，解救金墉城。這七日妳便負責運送瓜果，犒勞將士吧。」

七日，五百人份。

妳驚呆了，行走的搬運工？

「喂，你不打算讓我發揮更大的用處嗎？我不是神仙你也別這麼羞辱我啊！」

見他捧著葡萄要走，妳連忙追過去質問，剛一開口，嘴裡就被他塞了顆滾圓的葡萄。

還挺甜。

妳好不容易咽下，剛一個「我」字出口，又是一顆葡萄。

「還嚷不嚷了？」這人語氣居然饒有興致。

妳悲憤地抬頭看他。

A

妳就要說

◆ 跳轉11 ◆

B

妳閉嘴了

◆ 跳轉9 ◆

9

「我知道妳想說什麼，一切我自有安排。」高長恭靠近妳的耳邊，低音隔著面具沉悶地響起，「這段時日，不要聲張妳不是神仙，不然連我也保不住妳，記住了嗎？」

妳愣愣地點頭，目送他的身影消失在帳外。

這七日妳過得分外充實。

作為高長恭的搬運工，妳耗子搬家似的，屢次搬運大宛產的葡萄、石榴犒勞他的部隊。眾將士一開始還長吁短嘆洛陽城之圍難解，後來一看見妳，他們就眼睛冒光：「仙家，又帶啥好吃的了？」

雖然沒能讓雪停下，但妳以美食攻勢，迅速在軍中揚名立威。

這七日裡，妳每次看見高長恭，他不是戴著面具巡視軍隊，就是勘察敵情歸來，一身風雪寒氣，對妳微微點頭，打馬而去。

妳偷偷問副將：「你們王爺為什麼不摘面具啊？」

副將：「我們王爺生得柔美，上次對陣還被敵軍將領當作女兒家，說什麼要憐香惜玉，結果被王爺一招掃下馬，從此以後王爺就總戴面具，說不戴不威嚴。」

「我多給你兩串葡萄，你去給我把他面具扒下來。」

「妳瘋啦？不行，得十串！」

「扒什麼下來？」熟悉的淡漠聲音從身後傳來，副將那個沒義氣的傢伙一溜煙跑了，妳被葡萄噎住了嗓子，咳個不止。

高長恭善解人意地低下身，拍拍妳的後背。

這力道，妳覺得他是在故意報復。

「美不外露，你不悶嗎？」妳幽幽吐槽，「等解了金墉城之圍，你得讓我看個夠。」

「一定。」

高長恭輕笑，大步走遠了。

「仙家，自從妳來後，我們王爺愛笑了。」副將偷偷溜回來跟妳講。

七日轉眼過去，今日便是突圍之日。

五百重甲騎士在點兵台下聽令，高長恭站在臺上，拔劍出鞘，高聲誓詞。

妳在風雪中瞇著眼，仰面望著，忽然聽他提及妳的名字，語氣裡依稀帶著笑意，說此番有仙人相助，必定大勝。

妳連忙負手而立，扮出高深莫測的模樣，接受著將士們膜拜的目光，沐浴在震徹風雪的吶喊聲中。

妳忽然明白了，妳雖不能讓風雪停下，卻可以定他的軍心。經過妳這攢好感的七日，每個將士都沉浸在有上仙相助的興奮中，士氣大振，彷彿解圍只在朝夕。

妳揮手作別，目送他打馬率五百騎兵遠去，直到最後一個騎兵消失在風雪裡。

妳手裡拿著一張牌【百戰百勝】。

跳轉到6 ◆

⑩

任務成功率100％

直接離開吧，事了拂衣去，妳最不擅長離別了。

妳向副將說了聲告辭，就要離開時，有人急匆匆地喚妳：「王爺讓屬下把這個給

仙家……」

　　是一副獠牙鬼面，高長恭知妳要走，居然把他寶貝似的面具給妳了。

　　睹物如見人，原來他也不擅長離別。

　　妳不禁輕輕一笑。

　　走吧。

　　達成結局【信物相贈】

⑪

　　妳說一句他餵一顆，他餵一顆妳說一句。

　　連著餵了幾顆，高長恭動作一停，似有所思：「妳故意騙葡萄吃？」

　　妳暗暗嘀咕：「我還想騙你餵我呢。」

跳轉到9 ◆

相見恨晚，我不介意
你以餘生作為補償。

李白

大神的修仙副本

文 明戈

李白打出生起就自帶仙氣。在他出生前，他的母親夢見太白星鑽進了懷裡。於是給他取名叫李白，字太白。

雖說這事兒聽起來有點玄幻，但從後來李白一生尋仙問道、排位升級之旅來看，也的確應了這仙人之姿。

李白出生後，天資便開始顯現，五歲便能誦「六甲」，諸子百家、佛經道書全部過目成誦。別人家孩子玩泥巴、打群架的時候，他已經懂得不少天文地理、歷史知識。本以為他要按照劇本的安排踏上學霸的養成之路，這時李白身上的這股仙氣又冒出來了。他沒去念私塾，反而天天去戴天山上的道觀玩。

白雲嫋嫋，青山悠悠。只見仙氣氤氳的白霧中，一個小屁孩蹺著二郎腿，和一群鶴髮童顏的素袍道士唾沫橫飛地談論道經。他引經據典，字字有理，還時不時夾雜著自己的感悟。道士們都在心裡暗暗讚歎：「嘖，這小孩肚子裡有點東西。」

過了不久，李白寫了首《訪戴天山道士不遇》。

野竹分青靄，飛泉掛碧峰。無人知所去，愁倚兩三松。

山上的景色美極了。野竹分開雲霧穿入青天，飛泉掛在碧綠山峰，我來找你們打屁了，可是人都跑哪去了？唉，真煩。

日復一日，在道觀耳濡目染的薰陶下，李白對成為仙人愈發嚮往了。

【修煉處】：戴天山

【技　能】：妙筆

【消　耗】：0氣息值

【技能說明】：用道文化入詩，詩風深沉悠遠，清逸雋永，是技能「神來之筆」的初步形態。

幾年後，李白覺得自己升級了，便離開了戴天山，到了岷山。

據記載，岷山「連峰接岫，重疊險阻，不詳遠近。青城、天彭之所環繞」，是修

仙的好去處。

他在這裡結識了一位號「東岩子」的隱者，隨後，二人一起隱居於岷山。李白在此隱居期間養了許多鳥，當起了動物飼養員。

養得久了，只聽李白一聲呼喚，眾鳥便從遠方各處飛落階前，有的甚至在李白手裡啄食穀粒，毫無懼色。這事不知怎的傳了出去，大家都稱作奇聞，最後綿州刺史親自到山中觀看李白喚鳥餵食。

刺史到了一看，驚得直拍巴掌：「你小子會法術！你是仙人？」

李白也很懵，心裡納悶：我不過餵了幾年鳥，就成仙了？

刺史迎上去，激動地握住李白的手，推薦他去參加道科的考試。

李白猶豫了下。萬一這法術是因為鳥跟自己熟了，到時候換批鳥再不靈，那多丟人啊。

於是他拒絕了刺史，刺史很失落。

雖說沒練出來什麼正統仙術，但起碼能證明自己有點仙人的意思了。

【修煉處】：岷山

【技能】：清心

【消耗】：20氣息值

【技能說明】：被動技能。面對凡塵誘惑時，立刻以自身為中心結成清心結界，可不受外物侵擾，是修煉其他技能的基礎。

作為一個求仙之人，李白做過一番深入的調查與研究。你看那些得道成仙的人的共同點：不僅有鬍子和長髮，還瀟瀟灑灑如俠客，比如尊上能御劍飛行，多帥。

李白一琢磨，自己鬍子和頭髮都有了，就是缺劍術。這有何難？於是他大手一揮，練劍！

之後，李白找到了大唐第一劍客，人稱「劍聖」的裴旻。

當李白登門時，裴旻正在院中習劍。擲劍入雲，高數十丈，若電光下射，漫引手執鞘承之，劍透空而入。

習畢，裴旻背手而立：「為何學劍？」

李白手握龍泉劍，頷首道：「為俠為仙。」

裴旻看著面前的少年，又問：「為何欲當俠仙？」

李白微微一笑：「能力越大，責任越大。」

裴旻點點頭：「有見地。」

就這樣，李白觸發加成武力值的任務，開始練劍。

習武不易，但我們李白可是自帶buff的男子。不出幾年，劍術便僅次於師傅裴旻。

「銀鞍照白馬，颯沓如流星。十步殺一人，千里不留行。」李白著白衣吟著詩句站在山頂，如墨色般的長髮隨風揚起，身畔的龍泉寶劍映出閃閃寒光。此時的李白已有了些許仙風道骨之姿。

過了些年，李白覺得自己內外都修煉得差不多了，是時候仗劍遠行出去歷練了，正好去別的地方也尋仙問道一番。

經過幾番遊歷，他想去嵩山看看，雖然盤纏不夠沒去成，不過陰錯陽差結識了元丹丘。這位仁兄也是個著名的隱士，好巧不巧，人家在嵩山腳下還有一處隱居住所。

於是李白藉著到他家玩的機會，登上了自己心馳神往的嵩山。

李白這麼嚮往嵩山是有原因的。他從小就崇拜的偶像王子晉便是在這裡修道。這就相當於到愛豆的常來地打卡，萬一也能獲得一樣的仙緣呢？

李白站在仙霧瀰漫的山上觸景生情，寫下了《感遇》一詩。

吾愛王子晉，得道伊洛濱。金骨既不毀，玉顏長自春。

這麼看來，李白的尋仙之路十分順利，可命運往往就是在人預料不到的地方，給你挖個坑埋點土。

經元丹丘輾轉介紹，李白竟然被唐玄宗直接召進宮了。

見面當日，唐玄宗「征就金馬，降輦步迎，如見綺皓」。那日鑼鼓喧天、鞭炮齊鳴，紅旗招展、人山人海，相當壯觀。

不過這也不奇怪。我們李白作為太白星下凡，隨隨便便寫一首詩就是 100 萬＋瀏覽量的超級紅人，當然配得上這種場面。只是人家一直以來專心尋仙，也不怎麼注意這些。

伴隨著眾人的尖叫，李白仙氣十足地走上了大殿。唐玄宗連忙讓人搬來七寶床，上八菜一湯。

「一路上累不累？辛不辛苦？餓不餓？」唐玄宗興奮地拉著李白入座，噓寒問暖道。

「還好。」李白一拱手。

「今兒我做東，你就吃好喝好。跟你講這湯超好喝了……」說罷，御手調羹遞給李白。

席間，二人相談甚歡。聊到一些時務，李白憑半生飽學對答如流。玄宗更佩服了，當即一拍板：「封你為翰林！」

兩旁大臣酸得直嗑牙花子。

李白這個翰林是幹麼的呢？沒事陪皇上妃子吃飯，作詩助興，再就是歌功頌德，沒什麼正經事兒幹。

雖說旁人都羨慕，可久而久之，李白卻十分厭倦。他扔下仙緣跑來宮裡，是想要大展宏圖，而不是喝酒賠笑的。

李白本身就是放蕩不羈的仙人做派，後來被皇帝疏遠，乾脆看清形勢，自己離開了京城。

雖說表面上看，李白在尋仙途中開小差跑偏了，可如果不是這段經歷，李白也不會寫下「且放白鹿青崖間。須行即騎訪名山，安能摧眉折腰事權貴，使我不得開心顏！」的詩句。

打這以後，李白的靈魂昇華了，看事情愈發通透。雖是盛世，可背後的腐朽卻腥臭刺鼻。他覺得與其在這世間同流合汙，不如繼續做個乾乾淨淨的仙人。

【修煉處】：長安

【技能】：謫仙歌

【消耗】：60氣息值

【技能說明】：輔助技能。發動後，李白立刻進入冥想模式，淨化自身精神領域，提升智慧值，是後期修煉技能的重中之重。

李白被「賜金放還」後，便藉著排遣抑鬱的旗號去了洛陽旅遊。在這裡，他遇到了自己的頭號粉絲杜甫。

早在見面之前杜甫便知曉李白的遊仙詩滿是變化莫測、奇思妙想，可謂「筆落驚風雨，詩成泣鬼神」，見面後，他立刻就被李白一塵不染的白衣、睥睨一切的氣質所折服，忍不住驚呼：「賀知章說得不錯，真真是謫仙人啊！」

李白也挺喜歡這個小粉絲，兩人一見如故，還約好一起出門玩耍。於是山上經常能看到這樣一幅畫面：兩個俊美男子拿著小鐮刀汗流浹背地採仙草、煉仙丹、找仙人。

後來他們又遇到了高適，於是畫面順理成章地變成三個俊美男子拿著小鐮刀汗流浹背地採仙草、煉仙丹、找仙人。

三個人廝混了一年，高適和杜甫也沒學到半點仙人的意思。奇怪的是，李白的氣質倒是愈發清逸出塵。

尋仙小分隊解散後，李白到了齊州的紫極宮，請道士高天師如貴授道籙。

自此，他算是正式履行了道教儀式，真正成為道士。後來他又去了德州安陵縣，遇見這一帶善寫符籙的蓋還，請他為自己造了真籙。

李白的求仙問道之旅獲得了正式的結業證書。

【修煉處】：齊州

【技能】：青蓮一夢

【消耗】：70氣息值

【技能說明】：僅次於天地大同的最高技能，道果結成。將理論道學融入自身，貫通血脈，迸發自身仙氣。

打那之後，關於李白幾欲修煉成仙的傳聞又多了很多。在大家心中，李白是一位遺世獨立的神人，已經超脫了塵世的一切冗雜，在酒與墨香中酣暢淋漓地活著。

可就是這樣一位謫仙人，在後半生卻選擇了另一條路。

天寶十四年，安祿山起兵造反。自此山河破碎，民不聊生。叛軍一路打到了潼關，長安危在旦夕。李白得知後報國心切，混亂中加入了永王的隊伍。

誰知叛亂被平後，永王擅自引兵東巡，兵敗後牽連李白也被投到監獄裡。雖然後來李白被宋若思救了出來，可不出幾年，又被長流到了夜郎。

「長流」，便是一去不回，至死不得返鄉。而那時，李白已是暮年。

乾元二年，朝廷因關中遭遇大旱，宣佈大赦。這位曾經最是灑脫自在的謫仙人，經過這麼多年的輾轉流離，才終於獲得了自由。

直到臨終前李白都在憂心國家危亡，他掙扎著從病榻上坐起來，主動請纓殺敵。

眾人都知李白皎皎白衣縹緲出塵，了無牽掛。只有李白自己知道，那白衣背面滿是憂國憂民的赤誠。

説到底，他尋仙也不是為了自己。不過是希望，若真的成為仙人，便可以潤澤世人，為這黑暗的世界帶來點點光明。

　　李白不需要走仙門，他天生就是個仙人。

　　【修煉處】：當塗

　　【技能】：天地大同

　　【消耗】：100氣息值

　　【技能說明】：傳說中的神級技能，極少有人修煉成功。置天下於首，繫蒼生於血，羽化登仙。

屈原

丹心赤子
星河璀璨

文 本人本人

楚國，丹陽，樂平里。

身穿華服的少女輕輕提著裙裾，在巷子裡穿梭奔跑。終於，她停下腳步，看著眼前那個一襲白衣的少年的背影，嘴角勾勒出自己都不曾意識到的笑容。

「屈平。」少女小聲地喚他。

少年聞聲回頭，見到來人就笑了起來，眼睛裡映著夏夜漫天的星光。

少女低垂眼簾，放慢了腳步，緩緩走到他的身邊。她雖然年少，但已然有了世族貴女的氣質。

「屈平，你可叫我好找！你在這裡做什麼？」

「我在看天。」少年聲音清朗，帶著不曾掩飾的喜悅與激動，像是在分享珍寶的孩子。

「天？」少女不解，「天有什麼好看的？更何況天已經黑了啊。」

屈平輕輕搖了搖頭，抬手指向天幕。

夏日的晴夜，悠遠而低垂。極目遠眺的盡頭，升騰起絢爛的紫氣，又伴隨著輕軟的雲消失在黑夜裡。

他喃喃地問：「這樣的天，是從亙古起就存在了嗎？萬萬年前如斯，萬萬年後亦如斯。」

少女不解，下意識接道：「人們都說，萬物初始於一片混沌。清者做了天，濁者成了地。」

聽到少女的回答，屈平笑了。他轉過身去，面向廣闊大地：「人們都說，就是如此了嗎？」

略過樹梢的夜風裹住少年瘦削的身軀，飄飄然彷彿羽化成仙而去。

少女怔愣著聽眼前這個人的低語。她羞紅了臉，沉默良久後堅定地道：「屈平，你會成為一個好詩人的。」

白衣少年回過頭來看她，他身後是無邊夜色，萬里星河似水；他眼中是光芒璀璨，點點星光爛漫。

「詩人？」少年踏出一步，「我不僅要做詩人，我還要做最厲害的謀士政客，我要楚國在我的手裡走向強大，我要所有的平民不再挨餓受凍。」他向前走去，彷彿走進了一池的星光。而他的面前，是隱隱露出雛形的泱泱大楚。

「阿昭，我要妳和十萬里蒼穹上的無數星子一同見證——我大楚必將國富民強！」

很快，夢想便照進現實。一次偶然的機會，少年得到了楚懷王的觀見。大楚的君主賞識他的才華，更加驚歎於他的胸懷，便委以重任，封他為左徒。

少年逐漸成為楚王手中一把鋒芒畢現的尖刀。他銳意改革，簡明法度。他割開王國盤根錯節的骯髒血脈，讓鮮紅的血液湧動而出。他斬斷兇狠醜惡的陋俗，讓神

光照耀在每一個黎民百姓的面龐上。

楚國真的就像他少年時設想的那樣一步步走向強大。

可是，禍福輪轉。他的舉動得罪了太多的人。陰謀和譖謗到底砸在了白衣公子的身上，讓他跌落進一池泥濘的汙沼。

他不卑不亢地站在大殿上，臉上的線條青澀卻又剛硬。金碧輝煌的殿堂內，此時卻是駭人的沉默。屈原自嘲地勾起了嘴角，他在這片要將人吞噬的沉默中，聽到了人們內心的放肆嘲笑。

於是，他不再看他們，而是抬起頭，看向階上的君王。那個人，是世間最威嚴的王；那個人，手握無上的權力；也是那個人，賞識他並給了他親手改變這個國家的機會。因此，他還懷有一點幻想。

階上的男人一身錦繡的華服，面無表情辨不出喜怒。

眾人不敢直視其鋒芒，紛紛跪下。只有屈原瘦削的身影如勁竹般挺立。他揚起玉石般的脖頸，冠冕的飄帶飛揚，直視著楚王的雙眸。

「臣，不曾有錯。」他聲音冷冽，和往常一樣沒有絲毫的波動。

楚王不再忍耐，他怒吼咆哮：「將他押下去！流放！到漢北去，到邊境去！」

「臣不曾有錯。鄭袖是妒婦！靳尚是佞臣！張儀心懷鬼胎！臣不曾愧於君主，不曾愧於大楚，也不曾愧於己心！」屈原站在大殿中央，一字一句，越說越快。字字鏗鏘，猶如玉石相擊。

幾個將士上前，想要縛住他的雙手，卻被屈原甩開。怨憤悲愁鬱結在胸，突然，他嘔出一口鮮血，染紅了潔白的衣裳，滴落在雕梁畫棟的殿堂，滲透進九萬里外的黃泉黑土。

少年時的屈原不曾想到，讓他撒下一片熱忱的大楚國，不只有尊貴豪邁的君王和一路平坦的仕途。自詡為天之驕子的屈原被踩在腳下，任憑他如何呼喊，也無法改變自己的命運。

於是，深愛著這個國家的屈原，被驅逐出了國都。他被一點點疏遠，最終被貶

到漢北。屈原掙扎著不肯理睬別國遞來的橄欖枝，飄飄悠悠地徘徊在楚國的百萬里沃土上。

他順著長江且行且歌。離開郢都的安定繁華，他見過了洞庭的一江春水，看過了漢北的山川險惡。詩人的足跡跨過大江大河，留下了傳說，也把血與淚傾灑在山川湖海裡。

周赧王三十六年至三十七年，秦將白起伐楚，攻破楚國別都鄢、都城郢，無數百姓流離失所，哀鴻遍野。這一戰史稱「鄢郢之戰」。

那個看似恢宏的泱泱大楚，至此轟然崩塌。

這天下的道理讓人覺得可笑，屈原的心中是無盡的迷茫。他一心為國，卻形影相弔；有的人只看到那些蠅頭小利，國土卻在他們手中淪喪。這是他的錯嗎，他是不是真的應該為了楚國選擇與他們同流合汙？

他看著悠悠的蒼天，和年少時不曾有絲毫的不同。

那天是什麼呢？

太陽是什麼呢？

「自明及晦，所行幾里？」

月亮是什麼呢？

「夜光何德，死則又育？」

什麼是明，什麼是暗？什麼是那漫天的星辰？

他去問太卜，在卜辭裡探尋縹緲的天意。

他虔誠地叩問，這世上的道理到底是什麼？人們寧可用瓦罐去演奏音樂，為雅樂而生的絲竹管弦卻被棄置一旁。他不懂，這究竟是因為什麼？

太卜放下龜甲與獸骨，撚了撚長長的鬍鬚，長歎了口氣。如果一個人的惶惑背後有百萬里名山大川，有無數的血與淚，卻仍然倔強著不肯頓悟，那麼上天也無法為其解答了。

他看著眼前苦苦掙扎的屈原：「不如去問問你自己的心吧。」

洞庭湖的汨水縹縹緲緲，煙靄洗鍊成一頃碧波。鷗鳥長鳴，悠遠迴響，如泣如

訴。江上的漁夫撐著釣竿，身披蓑衣佝僂在岸旁。

恍惚間一個男人走來，一襲白衣且行且吟，驚飛了漁夫的水鳥。老漁夫在羽翼紛飛中認出了這個男人。楚國上上下下都流傳著他的故事，只是男人比他想像中還要枯槁憔悴一些。

「你是屈子，楚國的三閭大夫，」他的聲音蒼老又沙啞，「怎麼成了這個樣子？」

男人被他認出，抬起頭來。老漁夫有些驚訝，他突然發現，這個傳聞中失意流浪的屈原，眼神卻異常堅定。

他悠悠地吟道：「舉世皆濁我獨清，眾人皆醉我獨醒。」

像是回答漁夫的問話，也像是喃喃自語。

漁夫聽及放聲大笑：「這世間萬事萬物什麼不是在變？聖人也隨世而變。你說舉世皆濁、眾人皆醉，何不舉杯痛飲，與他們相同？何以淪落到如今這個田地。」

屈原自嘲一笑：「罷了，到底是不捨我這一襲白衣。」

道不同不相為謀，老漁夫不再規勸，緩緩地收了釣竿，駛著漁船行在一江碧水裡，漸漸消失在山色縹緲中了，只留下沙啞的小調，在江面上迴響。

「滄浪之水清兮，可以濯吾纓。滄浪之水濁兮，可以濯吾足。」

等到人煙消散時，屈原向前踏了一步，踏進了寒涼的春江水裡。

星光璀璨作證，屈子丹心碧血，至死都是少年。

眾人皆醉我獨醒。

舉世皆濁我獨清，

謝安

東山之志
始末不渝

謝安
東山之志
始末不渝

文 小咕咕

謝安生於江左的高門大族—陳郡謝氏。他的曾祖父謝纘在曹魏任典農中郎將，祖父謝衡曾任國子祭酒、太子少傅，父親謝裒官至太常卿。在東晉那個無比看重門第的年代，這個身世不知被多少人豔羨。大家都默認謝安將像謝家乃至整個東晉的名士那樣，出落得英俊瀟灑，才華橫溢，然後在東晉身居要職，成為又一個萬人追隨、名留青史的人物。

果然，謝安稍大一些的時候，就長得俊美無儔、氣度非凡，還寫得一手漂亮的行書。見過他的人都不吝於讚美，「風神秀徹」、「風宇條暢」、「神識沈敏」……種種讚揚之詞紛至沓來，人們說他堪比晉初第一名士王承。

但是這樣的聲音越多，謝安就越痛苦。他是陳郡謝氏的子孫，這個身份好似一把尺規，決定了他必須成為世人眼中的名士，別無選擇。

到了適合出仕的年齡，任命的詔書果然接踵而至。朝廷先讓他去司徒府，又宣他做佐著作郎，謝安都以疾病為由推辭了。

世人認為謝安是自恃其才，想得到更高的官職。其實，他只想擺脫家世，做個普通人。

為了躲避紛擾，謝安隱居到會稽東山。

這是他人生中最快樂的一段日子，每天出門捕魚獵禽，回到家就吟詩寫文，有時也和王羲之、王洵他們交遊唱和。在這裡他不是什麼望族子弟，只是平淡卻又自在的普通人。

他也曾因為朝廷的催逼不得已去任職過，但只待了一個月便卸任了。之後不管朝廷怎麼逼迫，他都堅決推辭。

謝安的任性引發了很多人的不滿，他們參劾謝安蔑視皇權，說他屢召不至，於是朝廷下令，將他禁錮終身，一輩子無法入仕做官。

看不慣謝安的人彈冠相慶，覺得他終於自食其果了。可謝安不但沒有憤憤不平，反而很平靜。

他又回歸到了自己的生活中。有次去臨安遊覽，他坐在岩洞中，看著深不可測的山谷，沉默良久。身邊的友人以為他是想起自己無法入仕的身份，心裡悵惘，剛

要勸慰，謝安忽地笑道：「現在我和伯夷差不多吧！」

伯夷不食周粟，為了堅守自己的氣節，最終餓死在首陽山。

如果能成為自己想成為的人，仕途算什麼，付出性命也值得。

升平二年，謝安的兄長謝奕去世，弟弟謝萬被封為西中郎將。

而謝安隱居東山的日子愈發怡然自得，時而獨自吟嘯於山林，時而和文士名流遊玩唱和。

很多人看不慣他，說國事傾危，謝氏兄弟都在為國效力，你怎麼能苟且偷安？會稽王司馬昱聞言笑道：「安石能和別人一同享樂，肯定也會為了幫別人解決憂難而出仕。」這話傳開了，但沒幾個人信，大家都覺得謝安眼裡只有自己。

謝安本人聽了，也是一笑置之。

次年十月，謝萬受命北征。他雖有令名，卻是個徹頭徹尾的清談家，就算做了萬軍統帥，也只顧清高吟嘯，根本不懂得振奮軍心。謝安到軍中看望他，見了這一幕，對他說：「四弟，你是三軍之主，應該和將士交流，鼓舞士氣，不然怎麼能打勝仗呢。」

謝萬把將領招來，想了半天，才說出一句：「諸位將領，都是勁卒！」將領們臉色都變了。謝安皺皺眉，輕聲歎氣。之後，他親自拜訪每位將領，請他們對謝萬多加擔待，盡力輔佐。

晚上，謝安藉著喝酒的由頭，想再教謝萬一些用兵之道，讓他不至於輸得太慘。謝萬卻和他發了脾氣：「既然兄長能妙計安天下，何必躲在東山不出來？我雖無能，好歹敢為國盡忠！」

謝安垂頭不語。

回到家，謝安一連多日，整天把自己喝得酩酊大醉。妻子從沒見過他這樣，憂心道：「謝郎為何不悅？」

謝安醉醺醺道：「四弟。」

妻子撫著他的頭髮，道：「其實妾一直想問，謝郎家中人人聲名煊赫，謝郎想過要和他們一樣嗎？」

謝安徐徐道：「恐怕……是逃不過了。」

謝萬不出所料地慘敗，被貶為庶人。為了彌補四弟犯下的錯誤，不讓陳郡謝氏的大樑坍塌，謝安接受了朝廷的任命，去征西大將軍桓溫麾下做司馬。

謝安出山了，簡直比改朝換代帶來的轟動還大。去新亭之前，各懷心思的朝士們都去送他。中丞高崧調侃：「安石你年輕的時候高臥東山，屢徵不就，我們都說謝安不肯出山，天下百姓可怎麼辦？現在天下蒼生又要拿你怎麼辦？」

百官哄堂大笑。高崧說出了他們的心聲：你謝安自命清高這麼多年，現在還不是和我們一樣？

謝安愧疚地笑笑。這點愧疚不知是給朝廷，給蒼生，還是給自己。

在新亭，謝安第一次見到了桓溫。桓溫美髯長眉，驍勇英偉；謝安眉目如畫，飄然若仙。他們看著是那麼不搭調，卻一見如故，格外談得來。

桓溫北征之前，謝萬病逝。謝安為了照應家中，沒有隨桓溫出征。

兩人冉會，還是在新亭，但早已物是人非。桓溫趁簡文帝駕崩，少主弱幼，想要發動兵變，據天下為己有。他暗中在牆壁後設下伏兵，喚謝安、王坦之進來，想要殺了他們。

兵戈碰撞有聲，王坦之被嚇出一身冷汗，謝安卻淡定如常，對桓溫笑道：「我曾聽說，『諸侯有道，守在四鄰』，明公何必要在牆壁後面藏著埋伏呢？」

桓溫也笑了笑。他們又說笑起來，彷彿從前那樣，但很明顯，兩人之間有了一道跨不過去的鴻溝。

桓溫病逝後，謝安從沒去祭奠過他，只是重用了他的弟弟桓沖，保住了桓氏家族。桓沖也顧全大局，一直恪盡職守。

謝安輔政的幾年，各種溢美之詞紛至沓來。在旁人眼裡，他年少成名，中年得志，醒掌天下權，醉臥美人膝，要什麼有什麼。可他只覺得自己荒唐：自小就立志擺脫家世的束縛，沒想到卻成了陳郡謝氏最顯貴的權臣。

謝安位列三公宰輔，權勢愈來愈大，但他也越來越放縱。他在喪期縱情聲樂，任人勸說也不停止。他大修庭園，住處別墅林立。每天玉盤珍饈，美人相陪，生活

過得好不奢靡。

世人譏諷他全然沒有股肱之臣的擔當，不過是個貪圖享樂的俗人。

聽到這些非議，謝安竟有種近乎報復的快意。

太元八年，苻堅率八十萬大軍前來進犯，而東晉集結起來的兵力只有八萬，舉國震恐。作為朝堂第一棟樑的謝安，被授予征討大都督之職。他有意提拔晚輩，讓謝玄在戰中擔任要職。

謝玄雖有文韜武略，但畢竟年輕，兩軍實力又太過懸殊，他還是有些慌張，於是去問叔父該如何應對。謝安品著新釀，悠悠地道：「放心，我已經另有安排了。」謝玄還想再聽指示，謝安卻什麼也不說了。自小叔父就很疼他，可他又總是讀不懂這個人。

他不敢多言，又讓張玄去向謝安請求指示。謝安卻拉著張玄去了自己的庭園，和他賭棋。平日裡謝安的棋藝不如張玄，但張玄被戰事擾得心不在焉，今日怎麼也敵不過謝安。

謝安收起棋子，抬眸向他淺淺一笑：「今天輸棋，可怨不得我。」

張玄看著謝安微微上翹的眼梢和唇邊淡淡的笑意，一下子覺得心安了。他不瞭解謝安的計策，但他堅信謝安有出奇制勝的計謀。即便泰山崩於前，看見謝公這番從容的模樣，大概也不會怕了。

回到住處，謝安指揮將帥，讓他們各司其職。八萬軍士整裝出發，東晉幾乎每個人都坐立難安，擔心東晉被前秦大軍擊敗，走向覆滅。謝安卻一切如常，依然美酒相陪，紅袖添香，彷彿這場戰爭從未發生。

謝玄在謝安的指導下，和苻堅戰於淝水，以八萬人大敗前秦八十萬軍馬，一戰成名，謝安也聲名鵲起。部下來傳捷報時，謝安正與來客對弈，聽到消息，他淺笑道：「好啊，孩子們把賊軍打敗了呀。」

他對自己的統帥之功絕口不提，只想突出謝玄的功勞。姪兒有出息了，自己再不用挑陳郡謝氏的大樑，能找機會退位了。

兩年後，會稽王司馬道子擅權。他嫉恨謝安，於是謝安決定避開建康這個是非之地，交出自己的權力，出兵鎮守廣陵步丘。

謝安在步丘營造新城，幫百姓們興修水利，把一個小地方經營得風生水起。但他好像變得嘮叨了，逢人就要說起自己在東山的過往，同樣的事情可以說上好幾遍。他還告訴大家，自己正在造船，要從水路回到東山。人們這才明白，原來謝公再煥榮光，是因為夙願中的東山。

不久後的一個早上，謝安忽然重病，烏黑的頭髮白了大半。無奈，他只能回建康養病。謝安昏昏沉沉地坐在轎輦中，聽人通傳已經到了西州門，他睜開眼睛，悵然地說：「病前那晚，我夢到明公……我夢到坐著他的轎子走了十六里，遇到一隻白色的雞方才停下。我頂替明公的位置恰好十六年了，今年又恰逢酉年，是時候該走了……」

謝安纏綿病榻的最後幾天，已經病重得說不出話。臨終那日，他忽然很激動，想表達些什麼。左右取過紙筆，謝安的手顫巍巍的，但落筆依舊穩健。

他用俊逸的行書寫下兩個字：東山。

扶蘇。

山 有 扶 蘇
隰 有 荷 華

文 明戈

家人　朋友　溫柔

提問：你見過最溫柔的人，是什麼樣的？

可以是朋友、同事、陌生人，想聽聽你的故事。

查看5個回答

在下蒙恬

秦朝將軍/蒙武之子/中華第一勇士

3.6w人贊同了該回答

謝邀。人在上郡，剛下戰馬。身為秦國第一將軍，行不更名，坐不改姓，不匿了。

我有個上司叫扶蘇，是我們總裁秦王家的大公子。好像是和秦王鬧了什麼不愉快，前不久剛被外派來我們上郡，和我一起在北疆修築長城，抵禦外敵。

要說他這個人有多溫柔，你從名字就能看出來。

聽說是因為其母妃是鄭國人，特別喜歡當地流行的一首情歌：「山有扶蘇，隰有荷華。不見子都，乃見狂且。」於是秦王便給他取名叫這個。

你見過哪個皇子的名字來源這麼浪漫？反正我是頭一回。

後來見面果真人如其名。他爸明明是一個體育生，他卻生生長成個文科生，一點沒有那股威武殘暴的勁兒，忭情非但不張揚跋扈，反而溫良有禮，就連長相也是目若朗星，面如冠玉。

-------------------------------分割線---------------------------------

哇，一覺醒來五百個讚，那我再補充一點吧。

前陣子他來到北疆，我出門迎接，第一眼便見到一個溫潤如玉的男子，嘴邊揚著溫和的笑。邊塞艱苦，伙食也不好，他從小在宮裡長大，我還怕他吃不慣。沒想到他適應得非常好，還常常問將士們生活如何，有什麼需要。

不愧是春風化雨，公子扶蘇。

好了我要去打仗了。

以上。

▲ 贊同 3.6 萬　　▼　　💬 2,026 條評論

家人　朋友　溫柔

提問：與父母關係不好是一種怎樣的體驗？

最好是自己親身經歷。剛和爸媽吵完架，心情很差。

查看12個回答

 你的扶蘇呀
———
秦始皇長子/宗室大臣/外號公子扶蘇

6.5w人贊同了該回答

先說一個故事吧。

本人自幼便是別人家的孩子。除了學校的功課外，父王還給我報了十來個才藝班，琴棋書畫武術兵法，只有你想不到，沒有我學不到。所以我從小就活得挺辛苦的。

但是我一點都不怕累。作為秦王的大兒子，弟弟們的表率，一生下來就是站在金字塔尖上的人，我深知文武群臣和百姓們都在盯著我。我不能讓父王丟臉，更不能給大秦丟臉。

大家都說，父王給我取名扶蘇，是枝葉繁茂的意思，是對我寄予了厚望的。所以我一直努力學，拚命學，就怕讓父親失望。

可父王好像並不喜歡我。不論我多麼用功，先生如何誇獎我的進步，父王總是離我很遠，冷冷地點點頭，說知道了。

相比之下，父王對弟弟卻是寵愛有加。弟弟生得可愛，父王便給他取名胡亥，意思是小豬。弟弟打小就不聽話，可父王由著他胡鬧。只有在他面前，父王才像個

和藹的父親。

至於我與父王的關係，與其說是父子，不如說是君臣。

先前，侯生與盧生一同譏諷父王暴戾，父王聽後勃然大怒。二人逃亡而去，父王為了追捕他們，命令御史拘捕審訊咸陽城的所有術士，總共四百多人，要把他們全部活埋。

我聽聞此事立刻上書勸諫：「天下剛剛安定，如今用最嚴厲的刑法處置子民，臣擔心天下會動盪不安，還望陛下明察。」可父王並未消氣，反而一併遷怒於我，將我發配到北疆，與蒙恬將軍一同修築長城。

這麼多年來，我兢兢業業，恪守君臣父子之禮，沒有半分僭越。我力所能及地為父王分擔政務，盡全力愛民如子，鞏固我秦王朝。為何父王依舊如此討厭我，我究竟做錯了什麼？

我雖滿心疑問，但並不恨他。只要我一天是他的兒子，一天是大秦的子民，我便會為我父王、為大秦出盡最後一份力，流盡最後一滴血。

此乃君臣父子之道矣！

▲ 贊同 6.5 萬　▼　　💬 7,988 條評論

▼ 評論

　　秦朝一棵小草：大半夜看哭了。

　　你論語背完了嗎：po 主加油 =333=

提問：在育兒方面，你有什麼經驗和雷區？

剛剛有了自己的baby，是個新手爸爸，想問問廣大朋友有什麼經驗教訓嗎？

查看5個回答

 秦始皇本皇

政治家/戰略家/改革家

6.5w人贊同了該回答

謝邀，剛批完摺子。

對於這個問題，我有絕對的發言權。倒不是因為我是皇上，咱不搞那些虛的，單憑我培養出來一個如此優秀的兒子，我也絕對能站出來説道幾句。

我這個兒子叫扶蘇，打從他出生起，我就對他寄予厚望，他將是我的繼位之人。不像我的另一個兒子，一看就是個閒人，所以取名胡亥。

扶蘇也的確沒讓我失望，他天資聰穎，文武雙全，當然這也有我的一半功勞。在我的嚴格教育下，他越來越出色。

可後來我發現了一個問題，他太過於柔軟，總是有些婦人之仁。作為我的接班人，大秦未來的帝王，怎麼能這麼仁慈呢？於是我便冷落他，不與他親近。畢竟想要培養出殺伐決斷的氣魄，就不能面慈心善。

前一陣子，我要殺死一批討厭的術士。他知道後竟然極力勸阻我，説我傷天害理有違人道。我氣極了，便把他派到了北疆，讓他好好反省自己，也能在與匈奴的交戰中好好培養自己的殺性。作為大秦未來的君王，手段必須強硬，使人懾服才行。

注：個人經驗，切勿照抄照搬，原PO記得因材施教，比心。

————————————————分割線————————————————

沒想到一年後我會來更新。

作為一個皇上，能留給兒子的恐怕也只有囑託和皇位了。

在這次巡遊中，我的頑疾發作，估計時日無多。特此立囑將皇位傳給扶蘇，還望他能速速歸來。

――――――――――――――――分割線――――――――――――――――

彌留之際，想對吾兒説：「父王一直為你感到驕傲。」

▲ 贊同 6.5 萬　▼　💬 7,988 條評論

家人　朋友　溫柔

提問：你這輩子最對不起的人是誰？有什麼話想告訴他嗎？

編故事的請出門右轉。

查看18個回答

胡亥不是小豬豬
秦二世/扶蘇公子之弟

6.5w人贊同了該回答

慎入！慎入！慎入！毀三觀核能預警，本人玻璃心，不喜勿噴。

我有個兄長，叫扶蘇，父王特別喜歡他。

雖然父王對我有求必應，可我知道，他更喜歡扶蘇，畢竟世人都傳：「吾聞二世少子也，不當立，當立乃公子扶蘇。」

我雖然不甘心，可我記得某次父王在朝堂上問群臣，對六國士子和遺民的政策。當時包括我在內，群臣都默不作聲，不知道該怎麼回答。

兄長卻上前一步道：「用安撫來化解他們與秦國之間的仇恨。收服他們的心，

這樣就算有異心之人，也沒辦法掀起什麼波浪。」

說完，群臣無一不拍手讚許。

我嫉妒大家都喜歡他，可不得不承認他的確聰明厲害。

前不久，機會來了。父王在巡遊途中突然發病逝世。大臣趙高告訴我，我可以瞞喪不發，秘密更改父王的遺詔，謊稱父王在沙丘立我為太子。

我同意了。

趙高又說，扶蘇民威過高，百姓定不同意，遺詔上要加上賜死扶蘇和蒙恬。

我猶豫後也同意了。

我知道哥哥是個至仁至孝之人，只要這封詔書送到他手裡，不論他有多不解多難過，為了不違父命，也會立刻自裁。所以當我點頭答應篡改密信時，哥哥便已經註定死了。

現在詔書已經在路上了。

哥哥對不起，我想做皇上。

▲ 贊同 6.5 萬　▼　💬 7,988 條評論

▼ 評論

大門外的哈士奇：雖然我不是人，但你是真的狗。

提問：如果你現在快離世了，終其一生，你後悔嗎？

一個腦洞問題，好奇大家是怎麼想的。

 你的扶蘇呀

秦始皇長子/宗室大臣/外號公子扶蘇

謝邀。

其實這個問題對我來說不是腦洞題，而是論述題。

今天上午，我與蒙恬將軍正在軍營巡視，遠處突然傳來一陣急促的馬蹄聲。

在錚錚鐵蹄揚起的沙塵中，一支軍隊出現在我面前，為首的是趙高的使者，他帶來了父親的最新詔書。

我跪在馬前接旨。

「扶蘇為人子不孝，其賜劍以自裁！將軍恬與扶蘇居外，不匡正。宜知其謀。為人臣不忠，其賜死！以兵屬裨將王離。」

聽到詔書那一刻，我只覺眼前發黑，接旨的雙手止不住地顫抖，幾乎跪立不穩。我無法相信這是父親寫給我的。

我與蒙將軍在外守邊數年，驅匈奴修長城，建城數十座，擴地數百里。我理解父親不想把皇位傳給我，但我究竟做了什麼大不韙之事，令父親要我當場自裁？！

我胸中滿是委屈，盡是心寒。

使者在一旁叱道：「公子請速速受劍自裁，更待何時？」

我握緊了手中的寶劍。此時，我身後有三十萬大軍。只要我一聲令下，便可攻下咸陽。

可我不能，我也不願。

蒙恬在一旁提醒我，這詔書真假未辨，不可草率。

但事到如今，真假還重要嗎？

若為真，我身為兒臣，豈有違背之理？若為假，我發兵奪權，必定使國家再次陷入戰亂，生靈塗炭。與其這樣，不如以己之身，換天下蒼生太平。

我不後悔。

------------------------------分割線------------------------------

最後一次更了，再見朋友們。

終其一生，為兒為臣。

我問心無愧，沒有半分後悔。

若可有遺願，我希望，秦國昌盛萬代，百姓喜樂安康。

《曹家早知道報》發售啦

文 明戈

我叫曹植，別看我年幼，但已能誦讀《詩經》、《論語》，先秦兩漢辭賦，諸子百家也有涉獵。每次被父王提問我都能輕鬆應對，出口成章。旁人都誇我才思敏捷，談鋒健銳。

可今日父王前來看我，見我伏於案邊寫文，拿起看後竟問：「你是不是有槍手代寫？」

我很氣憤，便直面父王回道：「言出為論，下筆成章，顧當面試，奈何倩人？」

父王聽我如此回答很是開心，獎勵我晚飯加兩個雞腿！

《新人報到帖》——曹植
《曹家早知道報》7刊 203年

《男兒當自強》——曹植
《曹家早知道報》22刊 207年

　　我已到了束髮之年，今年也隨父親多次出征。

　　一月東臨滄海，消滅了袁紹的殘留部隊，父親東臨碣石威風不已，我也想做一位像父親一樣的將士！

　　九月北征柳城，黃沙漠漠，狂風四起。我軍一直打到烏桓人的營帳前，虜眾大崩，斬蹋頓及名王已下，胡、漢降者二十余萬口。將士激昂的士氣令我內心激動，溢於言表，特此作《白馬篇》獻上。

　　白馬飾金羈，連翩西北馳。借問誰家子，幽并遊俠兒……名編壯士籍，不得中顧私。捐軀赴國難，視死忽如歸！

　　本人曹植於此立誓，不論何年何月，身處何地，只要國家需要我，我便願意為國家貢獻自己的全部力量！至死不渝！

好小子！

　　今日父王的銅雀台落成，文武百官前來祝賀。早聽聞父王要召集一批文士「登台為賦」，我也想見識見識大家的功夫，便也混在其中。

　　登至臺上，這高臺何等宏偉壯觀，眼前的景色何其壯闊雄渾！周圍人才濟濟，想到國家被父親治理得如此繁榮昌盛，我不禁心中激蕩，脫口為賦，一氣呵成。

　　等我全部誦完，在座的文士都瞪圓了眼睛齊刷刷望向我，臺上鴉雀無聲。我以為自己做錯了什麼，正誠惶誠恐，父王猛地站起來，熱淚盈眶開始鼓掌。

　　「好！説得好！來瞧瞧，這是我兒子！」

　　在場的所有賓客也都紛紛放下筆，由衷地點頭讚美。

　　我不過是過去湊湊熱鬧罷了，沒想到這篇《登臺賦》竟能獲得如此讚譽。

　　現附小段，還望大家品評。

　　從明後而嬉遊兮，登層臺以娛情。見太府之廣開兮，觀聖德之所營……同天地之規量兮，齊日月之輝光。永貴尊而無極兮，等年壽於東王。

《感恩》——曹植
《曹家早知道報》25刊 210年

從小同父親南征北戰，見過了太多流離失所，殘垣斷壁。

雖說我更像個文人，但我也渴望能夠建功立業，平天下戰亂，帶給眾生太平。我想證明自己有眼界，有謀略，只是有時會覺得力不從心。

丁儀他們說會支持我當世子，可說到底，是不是世子都無所謂，只要能為國出力，怎麼樣都行。唉，我可能是喝多了，也不知道自己在說什麼。

《酒後感悟》—— 曹植
《曹家早知道報》29刊 214年

震驚！曹植醉酒擅闖司馬門！

《曹植喝多了》—— 管家

《曹家早知道報》 32 刊 217 年

《檢討書》—— 曹植

爸爸我錯了。

那天天氣極佳，正趕上朋友送來幾罈好酒，我一不留神就喝多了。

我不該趁著酒興，私自坐著王室的車馬擅闖司馬門。您曾經三令五申那禁道只有帝王舉行典禮才能走，可我卻一直晃到了金門。我也是醒酒後才知道自己做出如此大不敬之舉，爸爸我真的不是故意的（大哭），我都喝斷片了。

聽聞您已經將掌管王室車馬的公車令處死了，還望您原諒我這酒後失態，萬萬不可氣壞了身子。

【追評】曹操：晚了。

再喝一點？

不了不了。

通知
——曹操

曹植縱酒忘形，文人氣過重，屢教不改！令人失望至極，不可擔當重任！本王現決定，立曹丕為世子，即刻生效。

《悲痛！》—— 曹植

今年真是流年不利！

父親患頭風病多年，正月突然病重去世。我還未從父王撒手人寰的悲痛中走出來，就聽聞昨日漢獻帝竟然宣佈退位，還將皇位「禪讓」給了哥哥？

我怎會不知那是文武百官聯名上書，漢獻帝為了保住性命，才不得不把皇帝的玉璽交給哥哥，哥哥自封魏王，徹底取代了漢獻帝！

父親去世之時曹彰來找過我，我本有選擇……算了，事到如今不提也罷。

難受了多日，終於寫完了《魏德論》。

前一陣因為我發服悲哭，哥哥覺得我暗搓搓地不肯承認他的皇位。為了鞏固統治，讓我寫了一堆詩文來論證魏國的正統性，告訴大家天下就應該是我們家的。

唉，可我並不想寫這些，我想做些對國家真正有用的事。可我能感覺到，自己被排擠在外了。給我個職位吧，我想為國效力。@曹丕

【追評】曹丕：哪來的廢話。

唉，多大點事。

《我當皇上了，低調》—— 曹丕

《曹家早知道報》35刊 220年

哈哈哈哈哈哈哈哈哈哈哈哈哈爽！

【追評】司馬懿：為你驕傲！

汪汪汪！

《苦就一個字》—— 曹植

《曹家早知道報》 36刊 221年

　　當王侯的日子並不好過。說起來好聽，可我不過是個被圈起來的囚徒罷了。

　　前些日子，我的寢屋漏雨了，可連個修補的材料都沒有，我只能從朽壞的宮殿裡拆原料。我想祭拜一下父親，可上報給朝廷後，被當今聖上一紙詔命駁回了。

　　就連監國使者灌均也欺負我，一步不落地跟著我，就盼著我做出什麼錯事，唉，我昨日還不小心推了他……丁氏一族已經被滿門抄斬了，若不是有血緣關係的緣故，恐怕我也……

　　我不過想為國家做些事，我有錯嗎？

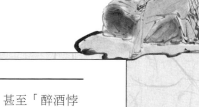

慘呀兄弟。

　　【追評】曹彰：兄弟，我日子也不好過啊。

　　聽聞曹植近來對我很是不滿，屢屢惹是生非，甚至「醉酒悖慢，劫脅使者」！這豈不是公然不把我的威儀放在眼裡！難不成他還要造反嗎？

　　來人，將曹植流放到臨淄邊海，以待發落！

潘了潘了。

　　【追評】曹植：哥哥我冤枉啊！

　　【追評】博士A：卑職建議「可削爵土，免為庶人」。

　　【追評】曹丕@博士A：我看行。

　　【追評】官員B：屬下認為可以直接賜死。

　　【追評】曹丕@官員B：這個好！

　　【追評】卞后：丕兒！他是你的親弟弟啊！你怎可要他性命！還望聖上三思！

　　【追評】曹丕@卞后：……好的母后我知道了。

　　【追評】曹植@卞后：謝謝媽媽救命之恩！

《佞臣賊子，絕不姑息！》—— 曹丕

《好好活著》── 曹植

　　若不是母后出手，經過那監國使者之事，我早就丟了性命。前兩天，被聖上改封為安鄉侯。雖掛名是個王侯，可身下並無封地。不過能活命我已經很滿足了。

　　為了表示我毫無異心，我還抄了一份那監國使者告發我的奏章，和三台九府上奏的文書放在身邊，朝夕諷詠。

真不省心！

【追評】曹丕：算你聽話。

【追評】曹植@曹丕：那哥哥我能為國出力嗎？

【追評】曹丕@曹植：做夢。

　　黃初三年，余朝京師，還濟洛川。古人有言：斯水之神，名曰宓……命僕夫而就駕，吾將歸乎東路。攬騑轡以抗策，悵盤桓而不能去。

　　我被聖上改封為鄄城王，這《洛神賦》是我回鄄城途中寫的。短短幾年，我被改封多次，每次在當地幹得稍有起色，便會被派到一個新的地方，然後從頭再來。如今我已是而立之年，唉！

　　洛神真美，我對她的追求，就像我一心報國的赤子之心。

　　可我怎麼追求，都追不到她，就像我怎麼努力，也是報國無門。

【追評】曹丕：小心點，我盯著你呢。

【追評】曹植@曹丕：嗯嗯，您看到我寫的《先帝賜臣鎧表》和《獻文帝馬表》了嗎？

【追評】曹丕@曹植：看到了。

【追評】曹植@曹丕：皇上，我不再想著被提拔了。

《洛神賦》── 曹植

皇上去世了 ——曹植

《曹家早知道報》　41刊 226年

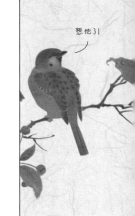

想他31

　　挺難受的，不知道說什麼。

　　很多人說他死了我應該開心，因為他是我的死對頭。

　　可說到底我從未想爭什麼王位，不過當時的風口浪尖把我推到那裡了，讓我無從選擇。我不恨他，只恨沒有被器重、被信任。「追慕三良，甘心同穴」，我說的並非假話。

　　有件事我一直未告訴他。父親死的當日，曹彰快馬加鞭來找我，告訴我父親讓他輔佐我上位翻盤。而我當時手裡有軍隊，有擁護者，有名望。

　　曹彰的話是真是假已經不重要了。我沒有那麼做，不是因為沒種，而是我明白「不違子道」。

　　南山的梅花開了。

　　我很想念他。

《一些隨想》—— 曹植

《曹家早知道報》 42刊 227年

前幾日寫了一篇《慰情賦》:「黃初八年正月雨,而北風飄寒,園果墮冰,枝幹摧折。」

還是經朋友提醒才想起來,哥哥去年就去世了,隨後姪子曹叡繼位了,哪裡來的黃初八年,我也不禁失笑。

眾人都不理解我,這麼多年只覺得我慘,只覺得我傻。我的確是慘,慘在不得兄長信任,報國無門。可我從不覺得自己傻。因為即使重來一萬次,那滿城縞素下,我也絕不會聯合曹彰造反。

到頭來,我也不明白自己究竟做錯了哪件事,對不起過什麼人。

若說一定要有,那便是對不起我自己吧。

白雲蒼狗,那個銳氣萬丈揮毫書寫《白馬篇》的少年,我終是負了他。

《寫給魏明帝》—— 曹植

「權之所在，雖疏必重；勢之所去，雖親必輕。蓋取齊者田族，非呂宗也；分晉者趙、魏，非姬姓也。惟陛下察之。」

這是我最後的上表，聖上一定要多加留心異姓勢力！

【追評】**曹叡**：寫得情真意切，但我不可能提拔你。

西元232年，曹植顫抖著手，合上這卷落滿灰塵的冊子。

他不知道19年後，天下真的如他上表所說，落入司馬姓手中。

他望向魚山的方向，眼中似乎有淚水，但更多的是不甘和茫然。世人皆讚歎他的《登臺賦》和《洛神賦》出神入化。可他閉上眼時，嘴裡念叨的卻是16歲時寫的《白馬篇》。

「捐軀赴國難，視死忽如歸。」

在那個世界，那個他理想的世界中，那個一心報國的熱血少年一定會收到那條回覆吧。

【追評】**曹丕**：弟弟，魏國需要你，哥哥相信你。

嘆一人生多艱

第二章

戀與雅君子

嵇康

文／拂羅

請願人：嵇康

朝代：三國

任務背景：三國曹魏時期，司馬氏篡奪曹魏政權，但仍有許多親曹魏人士不肯歸順司馬氏，於是逐於山水間，放浪形骸，形成獨特的魏晉風流。

請願人身份：嵇康，字叔夜，三國時期曹魏名士，「竹林七賢」之一，拒為司馬氏效力而歸隱林間，後因不屑攀附司馬氏麾下的官員鍾會，被記恨陷害入獄。

執行人：02號

備註：無

進入世界

LOADING

　　嵇康端然坐在惡氣熏天的牢房裡，仔細算算，明日便是問斬的時候了。一首《幽憤詩》落筆即成，獄卒恭敬地雙手接過，偷偷溜出去交給阮籍他們。

　　嵇康慢慢呼出一口氣，他不畏死，只是感慨這場無妄之災，自己明日也會像世上所有生命的歸宿那般凋零。

　　正想著，牢獄上頭忽然亮起白光來，嵇康新奇地瞧著，只見一道人影朝著自己直直砸來，「哎喲」一聲，嵇康被妳壓倒在茅草上。

1

　　疼死了，回去得投訴這鬼系統。

　　妳摔得眼冒金星，半天爬不起來，伸手無意一摸，隔著衣料摸到了一個溫熱的胸膛。嗯？誰在妳身下墊了一下？不會砸死人了吧……

　　妳又摸了摸，對方的胸口正起伏著，還好還好，活著呢。

　　妳好像忘了什麼。

「妳是？」身下的男子正驚訝地盯著妳，火光幽暗，勾勒出他硬朗的面龐，塵土滿面，掩不住五官的清俊。

「真是世風日下，司馬氏掌權以來，連採花賊都如此囂張了？」他悠悠道。

男、男、男的！妳「哎呦」一聲，忙起身退開，聽他再出聲：「叔夜一介將死之人，哪怕有仇，也不急著現在砸死我吧？」

「誰要砸死你？我救你還來不及。」妳瞪他一眼，臉仍發燙，「我聽見你的心願，特來想法子撈你出去。」

考慮到環境特殊，系統給了妳一炷香時間的隱身buff，除了嵇康本人，沒人能瞧見妳。

嵇康緩緩坐起，撣去衣上碎草，一聲朗笑：「我隨意想想，上天還真派神仙來救我了？」

妳趕緊衝過去捂住他的嘴：「別嚷，讓我想想怎麼救你。」

不好辦。

想救嵇康的不止妳一個。嵇康作為文壇領袖，外面三千太學生跪著求情呢，竹林七賢其他人也都在四處奔走，無奈鍾會就是死咬著不放……妳決定還是看看手裡的卡牌。

Ⓐ

使用【莊生迷夢】
修改過往

◆ 跳轉2 ◆

Ⓑ

使用【百戰百勝】+
【日行千里】越獄

◆ 跳轉5 ◆

②

▎任務成功率80％

「你不著急嗎？你快死了。」

「每個人都會死。」嵇康平靜回答，「只是不想讓鍾會那小人得逞罷了。」

鍾會……妳猛然想起，鍾會早年其實仰慕嵇康，曾帶著自己寫的《四本論》來給嵇康看，無奈三年過去嵇康仍無回音，鍾會就此記恨在心。

如果一開始就消除鍾會的仇恨，豈不就能破開死局了？妳一躍而起，拿起卡牌：「走走走，照我說的做，保你活下來！」

「去哪？」

「回你家！」

妳讓嵇康過會兒好好接待鍾會，他靜靜聽著，臉上沒有妳想像中的狂喜。片刻後，你們已站在林間一處院落門前，嵇康的聲音裡這才帶了幾分喜悅：「妳還真有法術？」

「當然。」

嵇康望著自己的小院，眼裡感慨萬千，時而激動，時而歡惋。隨即他像是下定了決心似的，拽起妳的手往院裡走，嵇康身材瘦高，此時歸入林間，彷彿修長清朗的竹一般。

妳看得癡了一下。

「你幹麼？」

「難得回來，不帶妳參觀參觀豈不可惜？」嵇康大笑。

妳詫異地發現，他的喜悅源自這個小院，而非逃出生天。

嵇康拉著妳在這片碧色裡轉來轉去，轉至後院，妳看見柳樹下是他自己搭的打鐵棚子，山泉被引入院中作池塘，潺潺流淌，照映左右。

「我平時就在這兒打鐵，累了就在池裡泡著歇一會兒，如何？」他逐一向妳介紹著，神采奕奕，彷彿興致勃勃的孩童。

他的確是個極有雅趣之人，妳連連點頭，卻不忘叮囑：「過會兒鍾會……」而嵇康不知何時已開了一罈酒，咕咚咕咚地喝了幾大口，酒順著他的下巴肆意流淌。他喝完一抹嘴，把酒罈子遞給妳：「來，喝！」

「不了不了，喝酒傷身。」

「妳虧大了，平時可只有阮籍他們才能喝到我這酒。」嵇康咂咂嘴。

妳：「那個，鍾會……」

嵇康嚷著要去打鐵，妳忽然聽到院外響起腳步聲，忙一把拽住他。你倆在窗下探頭，見鍾會拿著本書糾結地走來走去，時而抬手要敲門，時而放下。

「他幹麼？」妳小聲問嵇康。

嵇康蹲在妳身旁，也小聲答：「他想讓我看他的書，又怕我瞧不上。」

妳：「那你瞧得上嗎？」

嵇康不假思索道：「瞧不上。」

妳：「……」

鍾會糾結了好一會兒，咬牙轉身離去，妳慌忙起身要追，「哎」字剛準備脫口而出，忽然被嵇康一把拽回，撞在他的胸膛上，跌坐在他懷裡。

妳剛憤怒地抬起頭，就被他緊緊摀住了嘴。

嵇康低垂眉目笑著看向妳，抬手做了個噓聲的動作，如此之近，妳看清他長長的睫毛，以及黑眸中一晃而過的思緒。

他作甚？

院外，遠去的鍾會竟不甘心地折回，乾脆將書擲在了你們院裡，這才匆匆逃走，那神情和妳給愛豆遞花時一模一樣。妳恍然大悟，一拍腦門，連忙衝出去把書撿回來，如獲至寶地遞給嵇康看：「原來你一直等著這個時機……」

妳話音未落，只見嵇康接過淡淡地瞥了一眼，隨手丟進火堆：「攀附司馬氏之輩，這等人的字句，不值一看。」

妳驚呆了，有種發動【百戰百勝】KO 他的衝動。

「你有毛病啊！」妳才顧不得什麼古人禮節，悲憤大喊。

「消消氣。」嵇康卻反而笑著拍拍妳的頭，好似擼一隻炸毛的貓，心不在焉地遞給妳一罈酒，「喝嗎？」

這人半點求生欲都沒有嗎？ 這還如何救？

任務成功率2%

是否放棄本次任務？

Ⓐ 是 ◆ 跳轉6 ◆	Ⓑ 否 ◆ 跳轉4 ◆

有的任務註定無法完成，因為有的竹子註定無法被折斷。

「嵇叔夜，我明白了。」妳道，「我送你回去吧？」

「也好，那咱們一醉方休？」

妳陪嵇康喝了個大醉，終究送他回到了那惡氣熏天的牢獄，第二日，妳站在刑場送行的三千太學生之中，望著他坦然步上高臺。

離行刑還有一段時間，嵇康高聲道：「拿琴來！」

嵇喜快步將琴送上，妳見嵇康端坐高臺，再撫最後一曲〈廣陵散〉。

暮色如血，琴音激昂，肅殺四方，震徹秋風。

一曲終了，血色飛濺。

〈廣陵散〉絕矣。

達成結局【廣陵絕響】

冷靜，妳是專業……書都快燒沒了啊！妳一個餓虎撲食，將快燒沒的書搶救出來，幾腳踩滅火苗，卻發現書早已焦黑，妳雙手捧著殘頁欲哭無淚，還被燙得隱隱作痛。

嵇康沒料到妳如此英勇，目瞪口呆地站在一旁，等反應過來，他快步打水回來，抓過妳的雙手細細清洗：「妳這個人，救不了我，放棄就是，也不必做到如此程度吧？」

清涼的水流拂過手指，妳疼得齜牙咧嘴：「我就知道你不想死。」

「誰會故意尋死……」嵇康低笑一聲，欲言又止。

史書上記載，三年後鍾會功成名就，不甘當年被冷落，會再來拜訪一次。還有第二次機會！妳很快振作起來：「問題不大，我都翻過你死後的記載了！」

嵇康一抬頭：「嗯？」

「咳咳，反正我有辦法。」

他輕輕地笑了：「妳真是執著。」

妳白他一眼，第二次發動了【莊生迷夢】，叮囑他這次一定要抓住機會逆轉命運。

時間快進至幾年後。這次院中已然多了幾分蕭瑟秋意，距離鍾會等人過來還有些時辰，嵇康挽起長袖，興高采烈地步入後院準備打鐵，要妳幫忙拉風箱。

「吭、吭⋯⋯」

史書上拉風箱的人本是向秀，此時換作了妳，妳偶爾抬頭，嵇康的臉上沒有如常的笑意。

他用自己的方式迎接著鍾會的到來，迎接著司馬氏的再一次拉攏。

不一會兒，門口響起諸多馬蹄音，鍾會這次錦衣華貴，直接推門而入，臉上帶著報復似的得意，望著你們。

妳知道，他是要一雪前恥，他要看著嵇康對自己惶恐相迎。

他要讓嵇康向他背後的司馬氏低頭。

妳心中忽地升起一股難以言喻的感覺。

你們都靜靜地等著。

嵇康也沒有說話，打鐵之音一聲比一聲有力。妳終於明白這種感覺是什麼，嵇康錘的是鐵，也是這改名換姓的山河！

錘碎方休！

半晌。

鍾會目光陰冷，領人拂袖而去。嵇康的錘聲終於停了，他輕蔑地朗聲問道：「何所聞而來，何所見而去？」

鍾會冷哼一聲：「聞所聞而來，見所見而去！」

目送著鍾會等人憤然離去的背影，妳一聲長歎，聽見嵇康平靜的聲音再次響起：「採薇山阿，散髮巖岫，妳明白我心中所想了嗎？」

有些人寧死也學不會低頭。

A	B
有些任務 註定無法完成 ◆ 跳轉3 ◆	道理妳都懂， 可妳不甘心 ◆ 跳轉7 ◆

〔5〕

任務成功率0%

有些事不拚怎麼知道成不成功？

妳當機立斷，先拿出一張【百戰百勝】劈開大牢鎖頭，拽著嵇康就往千里外飛奔，在一片此起彼伏的「嵇康越獄啦」的喊聲裡，你們轉瞬來到了千里之外。

直到妳鬆開嵇康，他還沒從震驚裡緩過神來。

「怎麼樣？我說到做到。」妳得意地拍拍他的肩。

他沉默著。

妳疑惑地望過去。

「我寧可趕赴刑場。」嵇康肅然道，「這天下已屬司馬氏，如今連隱居竹林也不能，縱然再逃，又能逃到何處去？」

妳也沉默了。

後來果然如他所說，這天下已不容他，不久後便有官兵匆匆趕來將他押走，趕赴刑場。

任務失敗。

達成結局【亡命刑場】

〔6〕

「夠了，我不救你了，你的願望我實現不了，我走了！」

嵇康拎著酒罈，淡淡問道：「我的願望不實現，妳就會失敗？」

「當然！」

他似有所思，忽然低低笑了聲，竟有種如釋重負之感。嵇康自顧自地找來杯子，

了杯酒遞過來：「臨走之前，喝一杯？」

妳鬱悶地瞅著他，有些心軟，喝空這杯酒才離開。

任務成功——

怎麼回事？

系統提示您，請願人嵇康已將心願換成【敬您一杯酒】，恭喜您完成任務，即將前往下一個世界。

達成結局【白衣送酒】

7

妳沉默不語。

嵇康歎了口氣，慢慢放下鐵錘，望著池邊不語。

「從一開始，你就不希望我救你。」

「我說過沒有人會故意尋死……」他背對著妳，如玉山巍峨臨水而立，「只是不願折腰罷了，妳想成功，我便換個心願讓妳成功，如何？」

他哪裡是想死，他只是不屑那樣活。

「你……」他這態度讓妳莫名憤怒，妳惡向膽邊生，快步過去一把將他推入池中，高聲怒道，「反正死的是你，不是我！」

嘩啦——

嵇康跌坐在淺池裡，詫異地抬頭看妳，見妳憤怒的表情，他忽然毫不留情地一伸手，也將妳「嘩啦」一聲拽入了水中。你們在冷水裡撲騰拉扯，全身濕透，狼狽得很，望著對方的狼狽模樣，不知是誰先停戰，還「噗哧」一下笑出聲。

最後你們一齊大笑，響徹山林。

嵇康笑得搖搖晃晃，妳不知是他笑中帶淚，還是他臉上有未拂去的水珠。

妳分辨不清，只顧著在秋風裡瑟瑟發抖。

嵇康為妳披上他的衣物，點起火堆，陪妳烤火到天暗。臨別之際，他在妳身旁撫琴高彈一曲，琴聲錚錚，轉而肅殺，妳眼前恍惚，依稀得見當年聶政刺韓王，壯士不復還的場景。

　　「壯士不復還……」妳輕輕吟唱。

　　嵇康仰頭長笑：「便以〈廣陵散〉作別，珍重！」

　　「珍重。」

　　任務成功──

　　請願人嵇康已將心願換成【夜彈一曲】，恭喜您完成任務，即將前往下一個世界。

達成結局【絕響作別】

王勃

不要崇拜我，我只是個天才

文 周公子

-01-

西元650年，王勃出生於山西龍門的一個名門望族。族中強人如雲：爺爺王通是隋末唐初的教育家，哥哥王勔（ㄐㄩˋ）是個天才少年，20歲就考中了進士。

而王勃更強，6歲開始寫文章，「構思無滯，詞情英邁」；9歲時讀隋唐超級大儒顏師古注釋的《漢書》，居然給老顏挑出了一籮筐的錯誤，撰了十卷長文名為《指瑕》；13歲開始到處給官場政要投簡歷找工作；14歲直接上書當朝宰相，直抒政見，針砭時弊，宰相讀罷擊節讚歎，大呼神童，當即就向朝廷人事部寫了封推薦信；15歲呈《乾元殿頌》；16歲已成為朝廷最年少的命官……

名聲大震，年少得志。

王勃在十幾歲時已經站在了絕大部分人一輩子也到不了的高度，前途猶如探照燈，光芒耀目。站得越高也意味著，如果哪天一腳踏空就會摔得越慘。

-02-

有才華的人向來不缺機會。

到長安沒幾天，自帶神童光環的王勃就被沛王挖到自己王府做編輯。從此魚躍龍門成了土豪皇二代的好哥們，一幫未成年人整天一起上街喝酒，鬥雞泡妞。

可惜天才的人生註定是坎坷的，風光過後，老天爺決定開始虐他了。當時，唐代上流社會的王公貴族們都流行玩鬥雞，沛王和弟弟英王更是當中的資深玩家。

一次兄弟倆又組織了鬥雞大賽，沛王就命王勃寫一篇鬥雞的檄文助威，也相當於向英王的雞下戰書。

沒想到王勃隨手一寫就洗了版，這篇文采飛揚的《檄英王雞文》被鬥雞愛好者們瘋狂轉發分享，還在留言區熱烈討論到底哪個王爺的戰雞更厲害，就差沒設賭下注了。

然而，就是這麼一個未成年人玩耍逗樂的小插曲，讓王勃在青雲直上的路上來了個急剎車——唐高宗看到這篇檄文勃然大怒，下令將王勃逐出王府，解除一切職務。

就這樣，一個位居初唐詩壇四大天王之首的青年文豪兼朝廷命官，一下子成了一個無業遊民。

一個陽光慘澹的午後，王勃背起單薄的行囊黯然走出了沛王府，站在人來人往的大街上，他輕輕歎了一口氣：而今之後，當何去何從？

-03-

剛剛失業的王勃，決定來一場說走就走的旅行，畢竟生活不止有眼前的苟且，還有詩和遠方。

嗯，不如就去蜀州吧，正所謂「莫愁前路無知己，天下何人不識君」。

四川的各地官員聽說文壇天王要來了，一個個都激動得睡不著覺，紛紛派下屬到驛站圍追堵截，偶像所到之處不僅管吃管住，還兼陪遊山玩水。

在這期間的某個深秋之夜，十九歲的王勃在皎皎月色下又寫出了一首撼動詩壇的作品——《江亭夜月送別》。

亂煙籠碧砌，飛月向南端。

寂寞離亭掩，江山此夜寒。

原來，別情也可以寫得如此優美含蓄。簡單的二十個字，沒有淚水漣漣，也沒有依依不捨，所有的離情都凝在一個「寒」字之中，著此一字而境界全出。

這，就是高手。

跋涉了一個又一個城市的山水，別過了一撥又一撥的粉絲，一晃居然三年已過。

嗯，是時候回長安了，我還年輕，應該有所作為。

-04-

回到長安後，在朋友的力薦下，王勃去做了虢州參軍。但王勃怎麼也沒想到，一入官場，老天爺又開始虐他了，而且虐況升級，徹底翻車——在虢州他一時心軟私藏了一個逃跑的官奴，後來怕被人檢舉，居然一時糊塗把官奴給殺了。

完了，殺人償命，死罪已定！

就在大家都在唏噓感歎一代天才即將隕落時，王勃卻註定命不該絕，適逢唐高宗更改年號，天下大赦，他就此逃過一劫。

死裡逃生後，王勃徹底斷了對仕途的念想。他最想做的事就是漂洋過海去交趾（今越南境內）探望被自己連累了的父親大人。

此時，正在打點行囊的王勃，並不知道自己即將迎來人生中真正的巔峰時刻。

巔峰到光芒萬丈，力透千古。

-05-

高宗上元二年，王勃出發探父。

在秋天路過了洪州（今南昌），既然到了此地，自然要登臨天下聞名的滕王閣。

無巧不成書。

洪州的閻都督因為重修了滕王閣，正打算趁著重陽節放假，在閣內舉辦個文學

派對，聽說王勃恰好路過，閻都督趕緊差人送上了邀請函：現在天王落魄，不用出場費就可以拉來充門面，不請白不請！

宴會之上，酒過三巡，閻都督熱情號召大家選派代表為本次重陽賽詩會作序一篇。

古代文青們聚在一起寫詩，總要挑才華最高、大家都服的那個人出來先寫一篇序，比如王羲之同學寫過著名的《蘭亭集序》。

那麼閻都督是否也是如此愛才敬才呢？

答案是，認真你就輸了，因為這次人選早就內定了──都督的女婿吳子章早已提前寫好了一篇稿子，打算在派對上一鳴驚人，順便為自己的官方帳號掙點真愛粉。

在座的客人心知肚明，都裝傻充愣推辭不寫。

吳同學按捺不住正準備閃亮登場，忽然，只見王勃放下手中啃了一半的雞腿，高聲道：「同志們，讓我來！」

哇，IQ 滿分，EQ 負分啊！

半路殺出個程咬金，閻都督那是一百個不高興：「好好好！ you can you up ！我先去換件衣服。」

王勃：「好的，您且瞧好吧！」

都督拂袖而去，坐在帳後暗自思忖：這是哪門子的天王啊，擺明就是個愣頭青！

他氣不過便差使手下人去看看那小子到底寫了些什麼，是不是真的比自己女婿強。

不一會兒，一更匆匆來報：「他寫了『豫章故郡，洪都新府』。」

都督不以為然：「不過是老生常談，誰人不會！」

又一更來報：「他又寫了『星分翼軫，地接衡廬』！」

女婿說：「切，就這我也能寫！」

手下再報：

「襟三江而帶五湖，控蠻荊而引甌越。」

「物華天寶，龍光射牛斗之墟；人傑地靈，徐孺下陳蕃之榻。」

「雄州霧列，俊采星馳。台隍枕夷夏之交，賓主盡東南之美。」

都督和女婿都不說話了，意味深長地互看了一眼。

王勃看到都督躲在帳後不出來，心想，好吧，畢竟是你的場子，且讓我捧你兩句：

都督閻公之雅望，棨戟遙臨；宇文新州之懿範，襜帷暫駐。十旬休假，勝友如雲；千里逢迎，高朋滿座。騰蛟起鳳，孟學士之詞宗；紫電青霜，王將軍之武庫。家君作宰，路出名區；童子何知，躬逢勝餞。

呵呵，你們以為我王勃真的情商低嗎？所謂人情世故，我們天才不是不懂，而是不屑。畢竟天才的使命就是要盡情揮灑自己的才華啊！讓我們韜光養晦，低調做人？哼，不屑一顧。

寫到這裡，王勃極目四望，只見遠處天高雲淡，澄江如練，波光山色交相輝映。近處則是樓閣錯落，丹漆流彩，一時無限靈感湧上心頭，一句句神來之筆飛逸而出：

時維九月，序屬三秋。潦水盡而寒潭清，煙光凝而暮山紫。

……

雲銷雨霽，彩徹區明。落霞與孤鶩齊飛，秋水共長天一色。

漁舟唱晚，響窮彭蠡之濱，雁陣驚寒，聲斷衡陽之浦。

每一句都是一幅絕美的風景大片啊！而且，還是動態的！

聽手下人報到這裡，閻都督和女婿再也坐不住了，他們知道一篇千古奇文即將橫空出世，於是狗顛屁股跑出去見證歷史。

當閻都督看到王勃因感時傷懷寫下「關山難越，誰悲失路之人；萍水相逢，盡是他鄉之客」時，已經完全忘記了女婿的存在，忍不住愉快地拍起了小胖手：「此句對仗已到極致啊！天才啊，天才！」

然而，接下來王同學並沒有停留在自憐自艾，而是筆鋒一轉，志存高遠：

馮唐易老，李廣難封……老當益壯，寧移白首之心？窮且益堅，不墜青雲之志。

閻顏都督此時已徹底變身王勃的24K純金腦殘粉：「嗯嗯，這碗雞湯我乾了！」

一番揮灑之後，王勃覺得差不多了，前面這些內容估計已經把大家鎮得七葷八素了，來個謙虛點的結束語吧！

臨別贈言，幸承恩於偉餞；登高作賦，是所望於群公。敢竭鄙懷，恭疏短引；一言均賦，四韻俱成。請灑潘江，各傾陸海云爾……

音律、對仗、辭藻、典故——已然把漢字的美感發揮到了極致啊！

而且有景有事，寓情於理，一篇序文寫盡所有，我們還有什麼可以發揮的啊？！回家洗洗睡還差不多⋯⋯

「攬漢唐人文成一序，絕江山美景於片言。」

一篇限時命題作文寫成這樣，說是「前無古人，後無來者」，亦不為過。

-06-

上元三年冬，年度熱文《滕王閣序》已經洗版洗到了長安。

一天，唐高宗也讀到了這篇序文，忍不住狂拍大腿：「此乃千古絕唱，真天才也！王勃現在在哪，快把他找來，朕要跟他合影求簽名！」

太監支支吾吾：「這個⋯⋯那個⋯⋯人已經掛了哎⋯⋯」

是的，一篇橫絕千古的《滕王閣序》，耗盡了王勃一生的時運。就在這一年的夏天，他於探望父親的歸途中渡海溺水，乘風而去。

他只活了短短的二十六個春秋。

王勃的早逝彷彿是冥冥之中的天意。畢竟，這才初唐啊，照這個節奏下去，你讓「繡口一吐就是半個盛唐」的李白和「草堂留後世，詩聖著千秋」的杜甫還怎麼出場？

算了，你還是提前回天上做神仙吧。

看到這，那些遇到一點點挫折就喜歡說自己是天妒英才的人，摸摸你們的良心痛不痛？

什麼叫天妒英才，這才是真正的天妒英才啊！

對王勃來說，《滕王閣序》之後，某種意義上來講，他已經實現了生命的永恆——永遠活在千年前那個「落霞與孤鶩齊飛，秋水共長天一色」的午後，他的詩文也將永遠輝映在初唐詩壇的天空中，成為最瑰麗的一顆星。

李煜

絕代才子，末世帝王

文 采薇

西元978年，宋朝。

李煜舉著酒杯，已然喝醉了。

亡國之痛，囚禁之辱，皆沒入了金樽玉液中。他一杯接一杯地飲下，直到身邊妃嬪宮娥的面容都變得模糊。

飲宴、美人、歌舞、佳餚，這些事物他再熟悉不過，可國已不是那個國，人又何曾是那個人？

習慣性地，他揮毫潑墨，將一腔憂鬱盡付詞中。

春花秋月何時了，往事知多少？小樓昨夜又東風，故國不堪回首月明中。

雕欄玉砌應猶在，只是朱顏改。問君能有幾多愁？恰似一江春水向東流。

寫完，李煜將詞句交給歌妓，並命她即刻詠唱。

哀婉的樂聲緩緩奏起，李煜閉上雙眼，兩行淚水緩緩流入鬢髮。

沒想到這歌聲最後傳入了宋太宗的耳中。聽著侍從的彙報，趙光義陰沉的眼眸中閃出了冰冷的殺氣：「故國？往事？看來他李煜仍舊心懷恨意，這樣的人留著實乃心腹大患。來人，將牽機藥賜予他。」

在人間掙扎了四十二年，絕望中的李煜，終於在七夕之時獲得了解脫。

而這首《虞美人》，也成了他的絕命詞。

其實李煜的人生開局並不算差，一出生便是李璟的第六子，自幼便顯露聖人之相，豐額駢齒，一目重瞳，又善詩文，工書畫。這樣含著金湯匙出生的人，有資格要這世間最好的事物。

所以有人評價他「尚奢侈，好聲色」。

他喜歡用嵌有金線的紅絲羅帳裝飾牆壁，以珍貴的玳瑁做釘子，拿綠寶石鑲嵌窗格，把朱砂糊在窗上。

他喜歡梅花，便在屋外種下一片梅林，於花間建起彩畫涼亭。美酒美景，醉飲其間，天下再沒有比這更恣意的事。

他喜歡錦繡，每逢自己的生日，便會命宮人拿出百餘匹紅白兩色絲羅，做月宮天河之狀，然後通宵達旦地吟唱作樂，直至天明時分才散去。

他曾寫下許多詞，來記錄這樣的宮闈之樂。

曉妝初了明肌雪，春殿嬪娥魚貫列。笙簫吹斷水雲間，重按霓裳歌遍徹。

盛大的宮廷夜宴，一片綺麗精緻的景象。宮娥們剛化完妝，容顏嬌豔，肌膚勝雪。她們排列整齊，翩躚步入殿內，映襯得整個廳堂璀璨如華。笙簫精美，裙擺飛揚，旖旎柔情，歌舞昇平，好一派縱情聲色的真實寫照。

甚至是愛情，他也有了最好的。

他的妻子周娥皇，是他最好的知己。娥皇通曉史書，深諳音律，尤工琵琶，無論採戲弈棋，無不精妙佳絕，連容貌也是一等一的。

李煜為她闢專房，對她寵愛有加。娥皇本就雪瑩修容、纖眉范月，更自創了「高髻纖裳」和「首翹鬢朵」等妝容，令李煜大加讚賞。其纖麗嫋娜、優美動人之處，引得後宮諸人爭相效仿。

他倆雪夜暢飲，娥皇笑著請李煜起舞。李煜也不惱，只笑著說：「若要我起舞，除非妳能為我新譜一曲。」娥皇隨口吟唱，揮筆即就，寫下一首《邀醉舞破》，在南唐廣為流行。

甚至他倆的孩子也十分聰慧可愛。一家人共享天倫，再沒有比這更幸福的時候了。唯一的小危險，是因為李煜貌有奇表，引得太子猜忌。

這也好解決，李煜醉心經籍，縱情山水，不問政事，還給自己起了很多的別號，像「鍾峰隱者」、「蓮峰居士」等，以表達自己無意於爭位。

也許是這樣的人生太美好了，好得上天都嫉妒。於是命運大筆一揮，為他的美好畫上了一個期限。那期限沒有別的，只有四個字：南唐，北宋。

西元 959 年，太子病逝，大臣鍾謨上書李璟，說李煜沉溺佛教、懦弱少德，應立他人為太子。李璟大怒，流放鍾謨，封李煜為吳王，入主東宮。

西元 961 年，李璟病逝，李煜在金陵登基。王位這把枷鎖，終於還是套在了李煜的脖子上。

李璟還在位的時候，南唐多有戰事，已經國力損耗，逐漸走向危亡。李璟只得向宋稱臣，減制納貢。等到李煜即位時，情況變得更糟。南唐國勢已敗，趙光義虎視眈眈，李煜即便雄才蓋世，也無力回天，只能消極守成。

平心而論，李煜不是個多好的國主，但也不算太壞。他多次向宋表達臣服尊奉之意，只求國祚能苟延殘喘；他重用舊臣，穩定高層心理，重視科舉，看中人才選拔的公平和公正；他愛民如子，減免稅收、免除徭役，與民休息。

他暗中繕甲募兵、潛為戰備、堅壁清野，反覆征戰以牽制宋軍力量，甚至使趙光義產生動搖，想過撤軍修整。

但他也醉心藝術，癡迷佛法、縱情聲色、心志不堅。這南唐國最終還是亡在了他的手上。

於是他被俘入宋，開始了囚徒的生涯。

囚徒的生活自然是不怎麼好的。不僅沒有自由，還飽受屈辱，日子過得戰戰兢兢。更令人難熬的，是對故國的思念。

李煜沒有別的方式，只能將自己的一腔情意，都付諸筆端，寫入詞中。

看月亮時，他寫「無言獨上西樓，月如鉤」。這寂寞深院，清秋梧桐，落寞無邊。這離別的憂愁，怎麼剪不斷，理還亂，纏繞在我的心頭，滋味難言。

看花樹時，他寫「林花謝了春紅，太匆匆」。日間寒雨，夜裡涼風，這嬌弱的花朵怎能禁得住摧殘。人生徒留長恨，就如同這流水匆匆，永遠東逝。

看宮宇時，他寫「四十年來家國，三千里地山河，鳳閣龍樓連霄漢，玉樹瓊枝作煙蘿，幾曾識干戈」。曾經的故國多麼美好，壯觀的亭臺樓閣，秀美的繁花玉樹。可我現在已經變為俘虜，白髮叢生，日漸消瘦。我常常回想起離開故國的那一天，只剩流不盡的辛酸淚。

曾經，詞之於李煜，不過是閒暇的玩樂，飲宴的消遣，他擁有的那麼多，只要將那錦繡堆中的生活稍稍露出一點，就足夠讓筆下的詞句華光溢彩，風月無邊。

可是現在，他什麼都沒有了。

帝王的尊嚴、國家的榮耀，早就被踩進泥土，一文不值。愛妻娥皇早早仙逝，愛子仲宣也沒保住性命。娥皇的妹妹被他立為繼后，隨他入宋，可現在的自己能給她的，只剩無盡的屈辱和折磨。

寫詞，成了他唯一的寄託。

他不再寫美麗的宮娥、華貴的酒具、精緻的宮宇和輾轉的情思。

他開始寫失去的痛苦、難挨的回憶、憂愁的無垠和故國的難忘。

他將這些沉鬱的、悲哀的、痛苦的、絕望的情感，一一注入文字，造就了另一個王國。

在李煜誕生之前的詞，如他早期的詞一樣，大多是花前月下，華美器物，雖然光彩流離，但終歸沉於胭脂紅粉。

王國維曾言：「詞至李後主而眼界始大，感慨遂深，遂變伶工之詞為士大夫之

詞。」

在他之後，詞終於也有了亡國之痛、黍離之悲。雖悲痛泣血，但格調卻早已不同。

除了絕命詞《虞美人》，李煜死前不久，還寫了一首《浪淘沙》。

簾外雨潺潺，春意闌珊，羅衾不耐五更寒。夢裡不知身是客，一晌貪歡。
獨自莫憑欄，無限江山，別時容易見時難。流水落花春去也，天上人間。

李煜在一次夢醒時，聽見了屋外雨聲連綿，感到春意已逝。凌晨時分氣溫很低，錦被也遮不住刺骨的涼意。他不禁覺得，果然還是沉浸於夢中比較好，至少夢中的自己不是個囚徒困客，可以享受片刻的歡愉。

現實中的李煜已經如流水中的落花，身不由己，命不久矣。

那一刻，李煜終於頓悟，自己不過是一個人間過客。

四十年的繁華，兩年的絕境，自己來了又走。徒留一聲歎息。

但好在，他在詞中稱帝，他的詞與他眷戀的江山，一起化作了永恆。

再相見，不過天上人間。

流水落花春去也，天上人間。

柳永

白衣卿相的別樣人生

文 采薇

柳永的父親給他起名為柳三變時，是希望他能像《論語》裡說的那樣，「君子有三變：望之儼然，即之也溫，聽其言也厲」。不想柳永這一生，飄零轉蓬，曲盡波折，倒真的歷經了「三變」。

柳永的祖父曾為沙縣縣丞，在州郡頗有威信，而父親歷任縣令、城令，也算是曾經為官一方。如此算來，柳永也算是出身於官宦世家。

柳家風氣端正，是儒家思想薰陶下的士大夫家庭。所以，出仕做官，光宗耀

祖，便是柳永應走的道路。

柳永少而敏慧，是個小神童。一篇《勸學文》讓他小小年紀便有了名氣，而一首《題中峰寺》，更讓他的才學廣為人知。

十載寒窗苦讀，滿腹才華的柳永很想試一試自己的斤兩，便奔赴北宋的京城汴梁參加科舉考試。

可惜，他在路上經過了蘇杭。

上有天堂，下有蘇杭。經過經濟中心的南移，北宋時，蘇杭已經極度繁華。湖光山色，暖香熏風，佳人多情，即便是鋼筋鐵骨的英雄豪傑，也會被酥了骨頭，更何況涉世未深的柳永呢。

什麼豪情壯志，什麼科舉功名，怎麼比得上煙花巷陌有吸引力？年輕的柳永，沉淪在了蘇杭美景和紅袖歌舞中。

當然，他的筆也沒有閒著。

「煙柳畫橋，風簾翠幕，參差十萬人家。」這是繁華的杭州，滿街的珠璣羅綺，簡直晃花了人的雙眼。

「三吳風景，姑蘇台榭，牢落暮靄初收。」這是如水的蘇州，纖巧的建築，悠久的歷史，精緻的景色，讓人流連忘返。

「馬搖金轡破香塵，壺漿迎路，歡動一城春。」這是綺麗的揚州，酒月花琴，鳳簫聲動，彷彿天上人間。

白馬銀鞍的少年公子，青春年少，倚樓高歌，徜徉於山水，迷醉於章台，雖然荒唐，但卻是柳永一生中最無憂無慮的好時光。

而這也是他的第一「變」。

西元 1009 年，柳永終於參加了在汴梁的考試。考試前，他躊躇滿志，認為憑借自己的才華「定然魁甲登高第」。

可惜，當時的環境卻容不下柳永這樣的自信。

北宋雖然承平日久，但是不省心的鄰居仍然很多。北有契丹虎視眈眈，西北的

黨項又在強勢興起，宋真宗每日所思所想，皆是國家安全。這樣的擔憂，也影響了他取士的標準。他曾經有詔，說：「讀非聖之書，及屬辭浮靡者，皆嚴譴之。」

一國帝王要振奮士氣，消除靡靡之音以增強國力，而柳永運氣不佳，一下子撞在了槍口上。

之前的冶遊生涯，既讓他聲名鵲起，也讓真宗瞭解了他的詞風。在真宗看來，那些給紅粉與風月寫的詞句，怎麼看都是「浮靡之音」。於是，柳永的初試不幸落榜。

這之後，柳永經歷了二試、三試，皆不中。

對於在士大夫家庭中長大的柳永來說，數次考試不第，給了他很大的打擊。

於是，在某次落榜後，柳永大醉酩酊，一氣之下寫了這首《鶴沖天·黃金榜上》。

黃金榜上，偶失龍頭望。明代暫遺賢，如何向？未遂風雲便，爭不恣遊狂蕩。何須論得喪？才子詞人，自是白衣卿相。

……

柳永將一腔鬱氣盡書字間，認為自己才華高絕，即便一身白衣，也是卿相之尊。這浮名虛位沒有便沒有，乾脆「忍把浮名，換了淺斟低唱」。

這首詞算是捅了馬蜂窩，皇帝知道後氣得厲害。後來再看到柳永的考卷，大筆一揮：「且去填詞，要浮名何用？」不被皇帝待見，柳永中舉的可能徹底被斷絕，也讓柳永迎來了人生的第二「變」。

柳永聽聞皇帝的氣話，苦笑著搖了搖頭。

他打開門，面對著亭臺樓閣、重檐深宇，兀自朗然一笑。

去就去，誰怕誰。

從今天起揮別仕途，我便是「奉旨填詞柳三變」，天地為廬，羅帳為家，我柳永便去闖蕩別樣的江山。

那時的歌壇與現在不同，現在的聽眾追逐唱歌的明星，而北宋的歌壇則追逐作詞的詞人。

一首絕妙好詞能以最快的速度傳得人盡皆知，作詞的詞人和唱曲的歌妓都會立即擁有極高的知名度。一個詞人若是持續寫出好詞，他的詞作便會受到萬人追捧，

有名的歌妓會爭相爭奪他新詞的首唱權，以鞏固自己的歌壇地位。

而柳永，無疑是那個時代最受追捧的詞人。如果北宋舉辦一場「北宋好聲音」，那麼柳永的戰隊一定會被人潮淹沒。

沒有了功名的牽絆，柳永日日眠宿於煙花巷陌，用自己的才華和紙筆，描摹這些可愛的佳人，為她們填詞賦曲，對她們噓寒問暖。

其他的士人也許會聽歌妓唱歌，為她們一擲千金，說到底不過是貪圖她們的美色而已，他們清高的內心是瞧不上歌妓的。

而柳永卻不同，他是真心喜愛和讚美這些青春美麗、靈動嬌羞的生命。他與她們交朋友，同她們互訴心聲。而歌妓們也視這個落魄的男子為世間最珍貴的人。她們說：「不願君王召，願得柳七叫；不願千黃金，願得柳七心；不願神仙見，願識柳七面。」

你瞧，在她們眼中，黃金千兩、帝王至尊、神仙之境，皆不如柳永的一個笑、一顆心。而她們的熱情也讓柳永的詞，徹底紅遍了大江南北。

紅到什麼程度？凡有井水飲處，皆能歌柳詞。

只要有人的地方，就有柳永的詞。

如此盛名，說一句白衣卿相，也並不為過。

不過，柳永與仕途的緣分並沒有徹底斷絕。

西元1034年，宋仁宗親自施政，特開恩科，對歷屆科場的沉淪之士放寬錄取要求。柳永聞聽此事，風塵僕僕地趕到了京城。

這一次，他終於沒有落第，榜上有名的他被授予睦州團練推官。

他人生的第三「變」，終於來了。

這之後，柳永開始了輾轉二十年的為官生涯。柳永所做的官都不大，每一任的任期也不長，但他體恤民生疾苦，深受百姓愛戴。

他能做的，也只有這麼多了。

西元1053年，隆冬。

荊楚大地一片枯山瘦水，朔風肅殺。

柳永此時正客居於襄陽城中一家青樓裡，他被這樣的寒冷擊中，走到了生命的盡頭。

小小的屋子裡，柳永只有一件布衣、一支禿筆和幾張宣紙。

他的身上沒有一文錢，身邊也沒有一個親人陪伴。

年邁的柳永鬢髮皆白，虛弱地環顧四周。

這一生以青樓為家，以紅粉相伴，能在這裡咽下最後一口氣，也算是某種死得其所。

只可惜，這北宋歌壇，以後再也聽不到柳永的新作了。

他閉上了眼，呼出了最後一口氣。

柳永逝去的消息轉瞬間傳遍了大江南北，尊崇並喜愛柳永的歌妓們紛紛泣不成聲，從全國各地趕了過來，想為他送行。

誰能想到出身於書香世家、在宦海沉浮的柳永，此時竟然身無分文，也沒有人來操辦他的喪事。這群歌妓咬了咬牙，決定合資出錢安葬他。

於是，幾日後的傍晚，一支與眾不同的送葬隊伍出現在了襄陽城的街頭。

她們不願讓柳永哀切地死去，所以沒有請嗩吶吹奏哀樂，而是展開歌喉，為他輕唱纏綿悱惻的情歌。她們也沒有高舉白幡披麻戴孝，而是描眉點黛，畫上了最美的妝容，只為把自己最好的一面留給他。

「草色煙光殘照裡，無言誰會憑欄意。」她們唱的，是他夕陽下的惆悵。

「曉來枝上綿蠻，似把芳心、深意低訴。」她們唱的，是他情意婉轉的目光。

「相思不得長相聚，好天良夜，無端惹起，千愁萬緒。」她們唱的，是對他無盡的思念。

就這樣一路不停地唱下去，在這條通向郊外的路上，留下了最後的餘音。

這餘音竟是如此漫長，一直持續了百年。

直到宋金戰亂、朝廷南渡前，每年清明，襄陽城中的歌妓便會互相約定，同來

柳永的墓前為他掃墓。

之後，這個習俗流傳到各地，柳永曾居住或作詞的青樓都接納了這條不成文的「行規」，每到清明便遙相呼應，共同祭奠，這樣的習俗被稱為「弔柳會」。

柳永的時代過去了，但他卻依舊活在一部分人的心中。

柳永的時代過去了，但他的傳說卻還在繼續。

柳永因為詞風「浮靡」之名而半生寥落，但所謂的柳詞，真的都是輕浮之音嗎？

當然不是。柳永傳世作品逾兩百首，羈旅行役之詞就有六十餘首。

清人陳廷焯在《詞壇叢話》中曾說：「秦寫山川之景，柳寫羈旅之情，俱臻絕頂，有不可以言語形容者。」

多情自古傷離別，更那堪，冷落清秋節！今宵酒醒何處，楊柳岸，曉風殘月。

夜晚，身著白衣的遊子飲酒告別。一葉小舟在這千里煙波中飄蕩，孤獨立刻攥緊了他的心腸。他寂寞地睡著，又在恍惚間醒來，抬眼便見天地沉默，兩岸楊柳蕭蕭蕭蕭，更顯得殘月涼薄，曉風刺骨。

這情景，大約是千古羈旅的遊子心中最哀婉的痛。

漸霜風淒緊，關河冷落，殘照當樓。是處紅衰翠減，苒苒物華休。

這一句被後人認為，高絕處不輸盛唐。

零落的深秋，淒清的霜風一陣緊似一陣，江河一片冷清蕭條，落日的餘光微弱地打在高樓上。四周紅花凋零、翠葉枯萎，美好的一切都在漸次凋落，讓人怎能抵擋離別的哀愁。

這樣「清」的詞，絕沒有一絲輕浮。

絕豔的外表下，柳永一直保存了這顆清澈的心。所以他才能與歌妓真誠地相處，為官時也能為民謀福祉。

他歎：「便縱有千種風情，更與何人說。」

還好，柳永留下了詞，讓他的千種風情，都能為你我一一道來。

白居易
晚來天欲雪，能飲一杯無

文
章
儀

天色已晚，遠望空際只見暮色蒼茫，一場大雪不期然地紛紛揚揚而來。

我，一朵小雪花兒，悄然降落在一樹枯枝的梢頭。樹邊有一間普通山間小屋，屋內爐火光把窗戶映得透亮，透出一股子通紅的暖意。

突然，屋門被輕輕推開，發出「吱吱呀呀」之聲。從屋中出來位貌美清俊的男子，裹著深色冬衣，手拿一個碧青瓷杯，緩步向樹邊走來。

他在我面前站定，然後低頭輕抿了一口杯中的清茶。他抬頭似是看見了我，爽

朗一笑道：「我叫白居易，字樂天。」他抬手衝我一舉杯，「怎麼樣，和我一起喝一杯嗎？」他雖然面上仍是笑著，眼神卻彷彿被這暗淡的天色染上了幾分難掩的落寞。

過了許久也沒有人回應他，他喃喃道：「人呢，怎麼都不在了啊。」

雪越下越大，感覺身上同伴的重量多了好幾分，才見他又仰頭一飲，恢復了安然的神色，抬頭靜靜地述說起自己的往事。

那是貞元六年，我跟隨母親來到符離，準備安定下來。

人人都道我聰慧絕倫，五歲作詩，九歲通曉聲韻。定居符離後，母親說我和周圍那些野孩子注定不同，以後是要做大學問、成大事的，於是從小便對我嚴格要求。

為了能走上母親口中那條通達的官場道路，我整日在家中讀書，從詩詞歌賦到文章經典，無一不學。周圍的孩童成天在外嬉鬧，他們玩耍的歡笑聲偶爾會透過窗戶傳進耳中，但我心中一直謹記母親的諄諄教誨，壓下心中那些念頭，全身心地投入桌上的書籍中。

只有湘靈，總能在不經意間撩撥起我心上的漣漪。

與鄰家的她初見時，我不過是十一歲的少年。她靈動的臉上總帶著嬌俏的笑容，即使我讀過那麼多書，寫過那麼多文章，可一見到她還是羞得說不出話來。那時我還不懂為什麼，只知道當開朗活潑的她拉著我一起玩耍時，我心裡是滿滿的歡喜。

可惜時局變換弄人，只在符離住了短短不到一年，我又隨家人匆匆離開，避難越中。

直到我十九歲那年，才回到符離故地。再見湘靈時，十五歲的她已出落成了一個比天上仙子更動人的少女。那些過往積攢下來的懵懂情愫就此變得明晰起來。

她識音律，我通譜曲。我們二人歌曲相和，相得益彰。兩個少年人的心意交相應和，婉轉成情。

但我是白居易，她是湘靈。

我是白家的希望，是少年成名的才子，而她只是普通的鄰家少女。

後來我隨父親調職去往襄陽。多年後，當我送父親的靈柩回鄉時再次路過符離，她卻已經不在故地。而我，在此後也肩負起家庭的擔子，踏上刻苦讀書、求取

功名的道路。我只有將和她的回憶，埋藏在十九歲時的那個晴朗午後。

「願作深山木，枝枝連理生。」

「淚眼凌寒凍不流，每經高處即回頭。」

「何堪最長夜，俱作獨眠人。」

他突然搖搖頭，把話停住。

雪下得愈大了，我身下枯枝下彎的弧度逐漸加大。他低頭深吸一口氣，把碧青瓷杯緊緊捏在手中。他再抬頭時沒有看我，而是向遠方眺望。我看見他的嘴角向上揚起，然後抖了抖一身的風雪，開口道——

你到過大雁塔嗎？

「慈恩塔下題名處，十七人中最少年。」我登上雁塔後，揮毫的便是這一句。那是貞元十六年初，二十九歲的我終於考中進士。

那時的我意氣風發，前途坦蕩，終於達成了母親一直以來對我的期盼，也終於擔負起了父親留下的家。

我被授秘書省校書郎的職務，自覺有宏圖之志，想要闖蕩出自己的一方天地。為這天下蒼生，我願盡我所能。

更讓我慶幸的是，我和一同被授校書郎的元稹相識。我們交好，並不單因為我們是共事的夥伴，而是真正發自心底的「所合在方寸，心源無異端」。

我們二人年紀相仿，政見抱負相同，詩文往來，神思相交，若合符節。

元稹較我還要年輕七歲，比我更加少年意氣。彼時我們雖都還沒有深陷複雜的官場，但已經知曉其中深淺。但他眼中星光閃閃，仍然執著於一身風骨，不屈不傲，直對奸佞。如此文人，如此士子，我衷心地讚他道：「無波古井水，有節秋竹竿。」

「修身，齊家，治國，平天下。」

熟讀經典的我們懷抱著這樣的目標投身茫茫仕途。

然而當時，我們這樣的人註定是與世界格格不入的。

那次元稹遭遇貶謫，自監察御史謫為江陵府士曹掾。我第一時間挺身而出，累

疏切諫，向皇上呈遞長文為他辯解，皇上卻沒有回覆。從那時起，我就知道以後的路可能不好走了。

果然，此後我二人在官場上浮浮沉沉，最終分貶各方，聚少離多。多年過後，我們都已經是歷經風霜的中年人，各自有著家庭需要維濟。境遇之下，生活時有不濟，我和他之間便相互施以援手，至於詩文往來應和更是不勝枚舉。

我倆都主張恢復古代的采詩制度，使詩歌起到補察時政、泄導人情之古用。在給他的一封書信中，我曾滿懷抱負地闡釋我的想法：「文章合為時而著，歌詩合為事而作。」我知道他會明白的。

命運多舛，元和年間，我倆的親人相繼離世。我們雖然相隔甚遠，卻依舊掛念對方。

在我二人的心裡，彼此早已是親人一般的存在。

「平生親友心，豈得知深淺。」元稹啊元稹，你比其他親友都更懂我白居易啊！

可誰都沒想到，元稹竟會先於我離開人世。我的摯友，一生再難遇的知己，竟然就此拋下了我。

微之，現在我也常常夢見你我少年輕狂時，你卻不會回應我「唯夢閒人不夢君」了。

微之，你走了，這修身治國齊家平天下之路就剩我一人。

微之，你走了，我這個白頭翁想必在人間也時日也不多了。

「君埋泉下泥銷骨，我寄人間雪滿頭。」

他長歎一口氣，飲盡了杯中殘液，把目光又轉回到我身上，臉上浮現出淡淡的紅暈。

「你知道嗎？掙扎著生活的蒼生百姓中，有靠撿麥穗粒充饑的婦人，有年老色衰賣藝過活的琵琶女，有被宮中採購強買貨物的賣炭老翁。每每想起他們滄桑的面龐，我心中就會激蕩不已。」

他輕笑一聲。

「可我什麼都改變不了，至親、摯友、摯愛都已離去，我又能在世間再停留多久

歎一曲人生多艱

呢？」

　　他看著手中空蕩蕩的酒杯，苦笑道：「姑且算是『窮則獨善其身，達則兼濟天下』吧。」

　　「今年的新酒可真不錯。」

　　我聽得他又是沒頭沒腦的一句，最終搖搖晃晃地轉頭回屋。大雪還在繼續飄灑，我身上越來越沉重，終於，身下的枯枝承載不住，被齊齊壓斷。我也滾落在地上，沾染了一身的塵土。模模糊糊間，我看見他在窗邊靜駐如畫像般的剪影。

　　不知不覺，已入夜了。

君埋泉下泥銷骨，
我寄人間雪滿頭。

辛棄疾

吾為國生，吾為國亡

文 顧閃閃

　　在大部分新生愛豆還在努力立人設的年紀，辛棄疾已經開始思考轉型。

　　作為一名生長在齊魯地區的兒郎，他的外在條件相當符合親戚鄰里們的審美標準——健美、結實，兼具幾分帶著陽光氣息的爽朗。總的來說，是個「酷蓋」。看這雙炯炯有神的眼睛，誰家姑娘被他瞅上一眼，都要連呼來勁；看這寬厚的臂膀，典型的穿衣顯瘦脫衣有肉，二百斤大米扛起來就走。

　　這可不是我誇大，同時代的陳亮就曾盛讚過辛棄疾的風姿，說他：「眼光有稜，足以照映一世之豪。背胛有負，足以荷載四國之重。」

喜歡他的姑娘遍佈長江兩岸，想為他說親的媒婆也快踏破門檻，但「酷蓋」依舊坐在牆頭悶悶不樂。為啥？ 辛棄疾自己也很疑惑——為啥爹娘把我生得如此英武，知不知道這樣會顯得我很沒有內涵，像個只會動手抄傢伙的莽夫？

為了打破外界對他的成見，辛棄疾決定從今天起，當一個憂鬱的男孩。

為此，他採取了三大策略：常練筆，多爬樓，逢人便說「我好愁」。

多年後，辛棄疾被貶帶湖，閒遊博山的時候，將這段少年往事寫成了一首《醜奴兒》：

少年不識愁滋味，愛上層樓。愛上層樓，為賦新詞強說愁。

而今識盡愁滋味，欲說還休。欲說還休，卻道天涼好個秋。

為何「欲說還休」暫且按下不表，單說少年辛棄疾憂鬱得正帶勁，揪著花瓣走回家中，進門卻看見祖父緊皺的眉頭和家人凝重的神色，當即便傻了眼。

發生了啥？ 玩憂鬱這種事還會傳染？

很快他就意識到，事情比他想得嚴重得多。南宋朝廷偏安江南，一味求和，助長了金國的饕餮之心，金主完顏亮率軍南侵，一路燒殺搶掠，中原百姓民不聊生。

辛棄疾的祖父辛贊為保全族人，不得不在金國任職，但他卻一直期盼著能與金人殊死一戰，以報不共戴天之仇。他常常牽著少年辛棄疾的手「登高望遠，指畫山河」，還讓辛棄疾帶人到燕山一帶，觀測形勢，以圖後計。

此後沒多久，辛贊便帶著憾恨離開了人世，獨留辛棄疾一次又一次地登上樓臺，久久地眺望南方。西元1161年，岳武穆含冤而死已過近二十載，江北農民不堪金朝的壓迫，揭竿而起，耿京起義爆發，沉迷寫詞的辛棄疾終於暫擱紙筆，動手抄起了傢伙。

這一抄傢伙不要緊，他飛快地聚集起了兩千人，加入起義軍，成了耿京手下的掌書記。那個時候全軍上下，既沒有比他有文化的，也沒有比他能打的，有道是意氣風發，也不過如此。

《宋史·辛棄疾列傳》記載，與辛棄疾一同加入義軍的，還有一個名叫義端的和尚。義端這個和尚當得很不清心寡欲，他好武鬥狠不說，還貪財慕權。辛棄疾引薦他入軍沒多久，他竟盜走了耿京的帥印，耿京大怒，當即便去追究辛棄疾的連帶責任。

辛棄疾人在軍中坐，鍋從天上來，他雙手接過耿京要劈下來的白刃，從容道：「耿帥您少安毋躁，給我三天，賊和尚抓不回來，我提頭來見你。」

他知道義端這一叛絕非小事，他定會將軍中虛實全數交代給金軍統帥，到時伐金大業必會毀於一旦。於是他快馬加鞭，以雷霆之速趕上了義端，一個華麗的飄移，驚得那和尚魂飛魄散。

義端：「說好的憂鬱系詞人呢？」

作為一名奸詐的賊僧，義端當然不甘心束手就擒，他眼珠一轉，突然想起了自己的玄學本行，兩指一併，煞有介事道：「呔！我能認出你的真身，你怕不怕？你不是凡人，乃是一頭青色大犀牛……既然我都認出來了，那……那你不得放我一馬？」

辛棄疾：「……」

暴躁棄疾，線上削人。

他提著義端的腦袋，邊走還邊想，這點雕蟲小技忽悠誰呢，我怎麼說也是飽讀詩書的人，編個故事連個具體背景都沒有，這也太敷衍了……

起義軍聲勢浩大，可畢竟未得到朝廷正式的認可，「天平軍節度使」也只是他們自立的名號，耿京於是決定派使者奉表南下，與南宋朝廷聯絡。使者隊伍中，當然少不了辛棄疾這顆軍中最閃亮的星。

這一年，二十三歲的辛棄疾身跨駿馬，縱然滿面塵灰，也難掩眉目間的堅毅傲然，在他的背後，是十萬能拚敢戰的義軍將士。

宋高宗親率文武百官在建康勞師，授其為承務郎、天平節度掌書記。即便南方的人們還未拜讀過他的詞作，辛棄疾的姓名卻早已傳遍了大街小巷。他太出挑了，就像一條盤在銀槍上的蛟龍，一顆嵌在冠頂的明珠。

手續辦完，辛棄疾撥馬回營，剛想把這個好消息告訴耿京……

等一下，耿京呢？

如果說普通人的人生就像不斷地上坡與下坡，那麼辛棄疾的人生就如同在珠穆朗瑪峰玩高空彈跳。耿京在北海慘遭殺害，而殺耿京的張安國早已逃去了金軍大營，饒是沉著冷靜如辛棄疾，登時也懵了。

他拉上眾將：「咱們回來是幹什麼的？」

眾將：「很明顯，是聖上讓咱們接上京哥，回去覆命。」

辛棄疾：「京哥呢？」

眾將：「被張安國殺了。」

辛棄疾：「張安國呢？」

眾將：「早在金軍大營吃香喝辣了。」

辛棄疾：「咱手中還剩多少兵？」

眾將：「去掉南歸的，數數也就剩五十不到。」

辛棄疾：「那諸位以為，我們該去何從？」

眾將：「看來就只有分分行李回高老莊娶翠蘭這一條路可走了。」

辛棄疾當然不可能這麼做，他當機立斷，與王世隆等將領一起，率領著僅剩的五十輕騎，直奔駐紮了五萬人的金軍大營，以迅雷不及掩耳之勢發起了突襲。

彼時張安國和金軍將領們正在喝酒，猝不及防身下一輕，就被辛棄疾逮小雞似的拎上了馬背，兩人一馬伴隨著滾滾揚塵，瞬間消失在軍帳之中。

滿座金軍將領哪見過這種驃悍手段，一時連「快追」都忘了喊。

再後來，溫暾的南宋人又在建康的街頭看見了這位少年將軍，他身上帶著俠氣，濺在袍上的鮮血還未洗去，驅馳千里，遠遠甩開了金軍的追趕，將弒主求榮的叛將擲於殿前，交給朝廷發落。

是時，「壯聲英慨，儒士為之興起，聖天子見三歎息」。

中華文學史上，不乏嚮往投筆從戎、沙場將功的文人墨客，他們之中有的甚至親歷邊塞，有的隨軍幾經輾轉，但他們都不是辛棄疾。

「八百里分麾下炙，五十弦翻塞外聲」，這是只有枕戈待旦的戰士才能親見的場景；「馬作的盧飛快，弓如霹靂弦驚」，非刀光劍影中穿行過的人，寫不來這樣的詞句。

在宋人眼裡，辛棄疾是活著的蓋世英雄，是存世的千古風流。

來到南方沒多久，辛棄疾便迎來了他人生的第二次轉型，只不過這次是被迫

的。朝廷收繳了他的刀兵，授予他江陰通判的官職。從宋高宗到宋孝宗，都是辛棄疾的忠實迷弟，這對父子都覺得辛棄疾簡直太厲害了——要是不總想著打仗就更好了。

頻繁的調任沒能消磨掉辛棄疾的鬥志。每當君主稍起銳意，希圖恢復，他就激動上一陣，獻上自己嘔心瀝血寫下的《美芹十論》、《九議》等北伐論著。

身為一位實踐派的軍事家，辛棄疾的論著句句切中要害，鞭辟入裡，對於亟需與金國一戰的南宋朝廷來說，簡直就是一劑最對症不過的良方。

然而朝廷的態度卻很微妙，官方答覆是：「小辛啊，你的作品滿朝文武都看過啦，人人都說好，朕這就給你頒發『大宋十佳詞人』獎章。國家處於特殊時期，正需要你這樣有能力有水準的人才，但是打打殺殺不適合你，你不妨挑個地方官的崗位幹幹？」

建康、滁州、江陵，舟車輾轉，年復一年。

許多年後，辛棄疾才終於明白，南宋朝廷與義端那個賊和尚不同，是慣會編故事的。

二十歲的辛棄疾胸中燃著滾燙的烈火，眼中盛著這世界的星辰，他披荊斬棘地來到了祖父口中的「祖國」，希望能效忠它，拯救它。

但南宋卻辜負了他。

「恨之極，恨極銷磨不得。萇弘事、人道後來，其血三年化為碧。」

與一般的文官不同，辛棄疾的食指內側生有厚繭，那是慣操刀兵留下的痕跡，他勁瘦的臂膀間埋伏著緊實的肌肉，是為了有朝一日仍能拉得開長弓。他無時無刻不在準備著重返疆場，與金人殊死一戰，縱使馬革裹屍，不見白頭，在所不惜。

可如今，寶刀已鏽，與他一同的義士們天涯四散，老死鄉里。尋常巷陌，還有誰聽他彈劍歌一曲〈蘭陵王〉？

其後的整整二十年，辛棄疾看遍了繁華東京的燈火闌珊，聽徹了田間溪頭的吳音媚好，他在江南的山高水暖間一次次北望，卻只能將雄心壯志寫在詞句間，聊以自慰，同時提醒自己不可忘懷國恨家仇。

他的作品既沉雄又細膩，不拘一格，從家國天下到田園風光都寫得渾然天成。論雄壯豪放，足可比肩「大江東去」的蘇軾；論穠纖綿密，亦不輸「藕花深處」的

李清照。

　　開禧三年秋，朝廷再度起用辛棄疾為樞密都承旨，但六十八歲的辛棄疾已臥病不起，只得抱憾請辭。同年九月，辛棄疾病逝，據說他臨終之際，猶在高呼「殺賊」。當時光景，與昔年老將宗澤三呼「渡河」何其相似。

　　辛棄疾一生命途多舛，業務能力無短板，從古到今但凡有志者，無人不愛辛棄疾。但本該一展抱負的他卻熬盡了癡心，執意要做一場不醒的夢。

　　夢中的他，永遠是那個沙場秋點兵的少年英雄，以孑然一身，行遊俠之事，全家國大義。

守一筆墨方紙硯

第三章

戀與雅君子

文／佛羅

之

衛玠

請願人：衛玠

朝代：晉朝

任務背景：西晉時戰爭不斷，永嘉之亂後，晉元帝率臣民從洛陽南渡到建康定都，史稱「衣冠南渡」，從此進入東晉時期。

請願人身份：衛玠，字叔寶，晉朝玄學家，體弱多病。年幼時祖父衛瓘遭人陷害，家族中諸多男兒被斬，唯獨他和兄長衛璪在醫館治病，得以倖存。後曾與兄長一同任職，「衣冠南渡」後顛沛流離到豫章，被大將軍王敦賞識。

執行人：02號

備註：無

LOADING

「瞧見了嗎？車上正是衛公子，他來咱們豫章啦！」

「傳聞衛公子可是風神秀雅，今天可得好好瞧瞧！」

男男女女圍著衛玠乘坐的羊車，議論個不停。

人間⋯⋯是否本就是大夢一場？

從聽聞兄長的死訊開始，雪愈發冷了，這一路盡是南渡的百姓，處處可見餓殍，到了豫章，卻忽然冒出這麼多爭著搶著來看他的百姓，眾人議論著，推搡著。

衛玠慢慢地吸入一口涼氣，五臟六腑一寒，引得陣陣輕咳。

「公子，沒事吧？」洛兒嫻熟地在前面趕車，連忙出聲，「公子不便見風，還請各位⋯⋯哎，別扒車啊！」

她才十歲，鎮不住這些看熱鬧的百姓。

推推搡搡的人群之中，有個人被不慎推倒，重重摔在雪裡，險些被碾在輪下。

「多危險啊！」洛兒連忙繞路，卻聽自家公子的聲音淡淡地傳來：「她可能是凍

僵了，一併帶回去吧。」

①

爬不起來了，各種意義上來講。

穿著薄衣穿越到冬天，同樣的錯誤犯了兩次，妳有了深深的挫敗感，卻沒想到因禍得福，被衛玠和他的小丫鬟給撿了回去，還照顧了妳好幾日。

妳的傷勢沒那麼嚴重，但為了混臉熟，妳還是有模有樣地裝虛弱，幾日後才下床活動。這天一大早，妳和院裡掃雪的洛兒打了個招呼，端湯去送給衛玠。

「衛公子，又看雪呢？」妳笑著敲敲門，推門進屋，「暖暖身子吧。」

衛玠坐在窗前，靜靜凝望著雪景，他身材瘦削，臉龐白得好似暖玉，比常人少幾分血色，此時與雪景相映，好似細筆勾勒的一幅畫。

見妳進來，他微蹙的眉舒展了些，注視著妳，眼中微微泛起笑意：「妳身子尚未恢復，我自己去端就好。」

「不礙事，」妳連忙擺擺手，「我壯實……啊不是，我健康得很，公子你最重要。」

衛玠慢慢地喝湯。

妳坐在對面瞧著他，例行一問：「公子，你現在快樂嗎？」

「嗯？」衛玠淺笑，應了聲，「快樂。」

「又騙人，你要是真快樂，我早就完成任務回去了……」妳無奈地歎了口氣。

早在幾日前妳便坦白了身份，令妳意外的是，沒費多大的口舌，衛玠便信了。令妳更意外的是，衛玠許下的願望如此簡單，他想要妳賜予他一場純粹的快樂。

這還不簡單？逗他開心唄。這幾天妳使盡了渾身解數，誰料這衛公子笑是笑，卻並不是發自內心的快樂，妳也就遲遲完成不了任務。

「聽說王敦邀請公子清談玄理，還請來了名士謝鯤，公子答應了嗎？」

「還不曾回覆。」衛玠微微搖頭，無奈一笑，「清談往往極耗心神，洛兒說我本就體弱，擔心我病重，不讓我去。」

妳今早細細翻閱了典籍，捕捉到一個細節，衛玠一直好談玄理，開口令人為之傾倒，但母親擔心他病弱，往往不讓他多說話。如今王敦之邀，未必不是個一吐為

快的好機會。

　　想到公子的身體，妳心裡微微一澀，根據記載，衛玠不久後將移居建康，那也將是他此生涉足的最後一個地方。

　　還不如讓他盡興一場。

　　妳想了想：「公子想去嗎？」

　　「名士謝鯤……自然是想。」衛玠輕聲答，「只是又要讓洛兒擔心了，她一直謹遵家母遺言，好生照料我。」

　　妳思索著：「那……我想個辦法。」

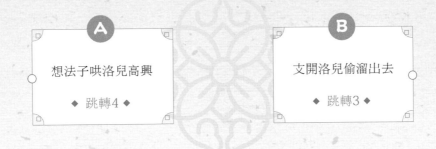

（Ａ）想法子哄洛兒高興
◆ 跳轉4 ◆

（Ｂ）支開洛兒偷溜出去
◆ 跳轉3 ◆

②

　　坑人啊，怎麼決定都離不開啊好不好！

　　難道清談還不夠快樂？

系統友情提示您：
想提升成功率，真正讓他快樂，請從心病緣由開始探知。

　　不早說。

　　妳吐槽了坑人的系統八百遍，拿起史書細細翻閱，終於捕捉到兩個細節：一、衛玠年幼時，祖父衛瓘遭到陷害，與子孫九人一同被殺害；二、衛玠後來來到建康，被建康城的百姓圍觀，寸步難行，忽然病重離世。

　　衛玠的心病，是否與幼年的經歷有關？在他離世之前，是否能由此找到他真正的心願？

　　妳想了想，決定回到浩劫那天，找到年幼的衛家兄弟。但是要去哪裡找呢？

A

回到安邑縣的衛府

◆ 跳轉7 ◆

B

回到安邑縣的醫館

◆ 跳轉5 ◆

③

██ 任務成功率0%

「對了，由我支開洛兒，公子你出去見王將軍就好！」

「這⋯⋯」衛玠遲疑著。

「不要緊不要緊，我一定能給你辦好！」妳笑著催促他用膳，「今天下午我便支開洛兒，如何？」

衛玠終於不再猶豫，眼中難得閃爍著神采，好似蓄謀溜出去玩的孩童：「好！」

當天下午，妳熱情地邀洛兒出去購置必需品，想拉著她逛一個下午。

洛兒雖同妳一道出了門，但心中掛念著自家公子，逛到半路便匆匆跑了回去，妳攔不住，和正要出門的衛玠撞個正著。

雖然最後衛玠依然和謝鯤清談了一場，但洛兒對妳不再信任。

不知為何，妳的任務依舊沒有完成，還失去了進一步調查的機會。

達成結局【判斷失誤】

④

██ 任務成功率50%

「對了，只要想個法子哄洛兒高興，她沒準就放行了！」

「如何哄她高興？」衛玠疑惑地望著妳。

「公子你慢慢用膳，我這就去準備！」妳一躍而起，興沖沖地推門而去，買回麻繩木板等工具，在院子裡來回折騰著，終於在樹下搭好了一個簡陋的鞦韆。

不知站上去會不會斷⋯⋯不行不行，還是坐著玩吧，妳小心翼翼地坐上去，自己前後晃盪著，妳這作品竟然結實得很，怎麼晃都沒斷。

洛兒買菜去了，現在就等這小丫頭回來了。

妳美滋滋地想，自己真是個小天才。鞦韆漸漸停了，忽然有人在後面助推了妳一把，妳小小地驚呼一聲，向前盪去。

「原來是忙著搭這個。」溫潤的笑音自妳身後響起，「嚇著妳了？」

妳轉過頭，正瞧見衛玠帶笑的眉眼，他不知何時披著冬衣步入院中，靜靜地瞧著妳自娛自樂了半天，終於忍不住過來推妳一把。

「公子，拜託你不要靠那麼近。」妳嚴肅道。

「嗯？」衛玠笑著看妳。

「美貌殺人啊，美貌殺人。」妳嘟囔著。

鞦韆再向後時，卻被衛玠穩穩扶住了，他微微俯身，笑著輕聲問：「那千萬人中，唯獨妳能面對面盡情瞧著我，高不高興？」

完了，區區幾天，妳就把人家公子帶壞了。

衛玠再將妳往前推，妳偷偷回頭瞥他，見他那張白皙的臉反而紅到了耳根。

「哇，這是什麼呀！」洛兒驚喜的聲音在院門口響起。

妳得意揚揚地把傑作指給洛兒看，小丫頭果然玩得開心不已，院裡難得響起了你們三人的笑聲，有了些熱鬧的人氣。妳趁機發動口才，果然說服了洛兒，同意讓公子赴約。

衛玠與謝鯤清談一夜玄理，相談甚歡，雖然在這之後，他會覺得王敦不是可結交之人，然後搬家至建康，也病逝在建康。

妳最不擅長離別了，尤其是生離死別。

妳決定……

A	**B**
撤離副本	不撤離
◆ 跳轉2 ◆	◆ 跳轉2 ◆

嗯？Bug了？

眼前是若干年前的安邑縣。

妳記得史冊裡的記載，年幼的衛家兄弟因為外出看病而躲過一劫，那麼必定就是在醫館了！妳匆匆來到醫館，想辦法得到了醫者的信任，兩個衛家孩子正驚恐地藏在屋裡。

病弱的那個幼子便是衛玠，他本就瘦弱，驚嚇之下更是小臉煞白，咳個不停。

看來這就是衛玠的心病由來，影響了他的一生。

妳本不應插手這段歷史，可妳還是情不自禁地將兩個孩子擁入懷中，見他們驚嚇得厲害，妳想了想，隨意拿起幾根小樹枝，綁成兩個小木人。

「送給你們，閉上眼睛，睡一覺好不好？」

衛璪哭個不停，衛玠卻愣愣地不言語。

「在想什麼？」妳輕聲問他。

衛玠迷茫地抬起小臉：「這是不是一場夢？是不是我睡著再醒來，一切就會恢復原樣？」

妳說不出話，夢……妳隱約明白他想要的是什麼了。

可妳能做的只有見證歷史緩緩前行。

經歷了悲痛浩劫，衛玠一年年長大，他好談玄理，能讓聽者為之傾倒，但他的身子卻愈發病弱。永嘉四年，戰亂再次打碎了他沉淪玄學的夢，衛玠不得不與留在中原的兄長辭別，遙遙南渡。

這一路與親人生離死別，路上所見皆是流民餓殍、滿目蒼涼，這些都讓衛玠遙想：人間……是否本就是大夢一場？

可若是大夢，該何時醒來呢？

如果衛玠有奢望，那麼他真正的願望應該是……

妳決定再次動身，前往建康追上衛玠的腳步。建康城人山人海，妳毫不猶豫地發動了【百戰百勝】，從人群闖出。

衛玠的羊車就在前方——

「看啊，那就是衛玠！」

「總算看見衛公子了！」建康城如此熱鬧喧囂，可這熱鬧卻彷彿從千里之外傳來，為何獨獨自己待在這如此淒涼的一隅呢？那些故人呢，都去了何方？那個人呢，也棄他而去了嗎？

好靜啊，靜得可怕。

衛玠慢慢地抬起頭，望著灰白的天穹，慢慢呼出最後一口涼氣。

他的耳邊卻響起熟悉的聲音：「走吧，我帶你離開這兒。」

妳覺得衛玠的願望應該如何實現？

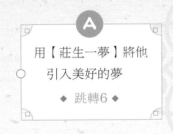

用【莊生一夢】將他
引入美好的夢
◆ 跳轉6 ◆

用【日行千里】
帶他逃離人海
◆ 跳轉8 ◆

⟨6⟩

任務成功率100％

歷史上的看殺衛玠終究還是發生了。

當百姓發現不對勁，當洛兒停下羊車哭喊撲來的時候，衛玠已經安詳地閉上了眼睛。他的臉上毫無血色，孤零零地躺在一片喧囂之中，然而他的嘴角卻是上揚的。

哪個是夢，哪個是現實，誰又能說清呢？

妳發動卡牌，為衛玠精心構建了一場屬於他的迷夢，那裡沒有戰亂，沒有陷害，只有和平安詳之中的安邑縣。舅舅王濟歎著「珠玉在側，覺我形穢」，母親依然嘮叨著「身體不好，少說點話」⋯⋯

洛兒剛入府不久，怯生生地躲在大人身後喚他「公子」。

一切正如當年。

除了妳，沒人知道衛公子在彌留之際做了一場多麼美好的幻夢。

也沒人聽到他的最後一句話。

他說：「好，帶我醒來。」

任務完成。

達成結局【莊生迷夢】

⑦

任務成功率0%

再睜開眼，妳眼前是若干年前的安邑縣。

妳匆忙趕到飄搖驚惶之中的衛府，只聽得滿門慟哭之聲，卻沒有找到倖存下來的兩個孩子。妳慌忙拽住一個下人詢問衛玠的下落，那下人警惕地看了妳一眼，不肯告訴妳。

妳與兩個孩子錯過了，看來還是要再仔細翻翻史冊……

達成結局【遺漏史冊】

⑧

任務成功率100%

妳抓起衛玠的手，發動了【日行千里】，在驚呼聲中，你們在茫茫人海中穿行，彷彿逃離世俗要化蝶的眷侶。

妳知道這不是最好的決定，可這一刻，妳只想帶他出逃。

逃出這塵世，逃離這人生。

你們逃出了建康城，穿越了人山人海，翻越了萬水千山，停下的時候，連妳也不知你們身在何方，抬頭一望，已是滿目星河璀璨。

你們像兩個逃出家門的頑童，相視大笑，坐在星河之下，妳聽他盡情地談起玄理，聽他傾吐心中理想，那個歷史上被看殺的單薄形象，這一刻在妳眼前徐徐鮮活，妳聽見他話語中的波瀾壯闊，妳洞察他心中的丘壑千山。

永遠閉上雙眸之前，他說要把最珍視的東西送給妳。

妳接過禮物，是個醜醜的、破舊的小木人。

萬千情緒在妳胸膛翻湧，又被壓下，半晌，妳輕輕地笑了。

「閉上眼睛，睡一覺吧。」

妳仍記得出逃之際——

「若生命的最後一日，我帶你逃走，你敢不敢跟我走？」

衛玠注視著妳，這一刻短暫又漫長，妳聽見他堅定的回答。

「帶我走。」

任務完成。

達成結局【夜奔】

唐寅

人間瘋魔
桃花仙

文 明戈

四位白衣飄飄的男子佇立在橋頭，春風吹過，遠近飄來的皆是墨香。

為首的那位劍眉星目、黛髮高束、手持一把山水扇，舉手投足間流露出不俗的氣質，眉眼間流轉的是款款深情，華麗的衣衫與腰間的玉佩顯示出其家境非同一般。或許是岸邊有隻麻雀太過貪吃，那雙微微低垂的眸子竟瞇成弦月，嘴角不自覺上揚。兩鬢垂下的青絲輕撫過他稜角分明的臉，一切宛如畫般美好。

橋下的姑娘們三五成群地聚在一起，有的明目張膽地望著他，有的含羞偷偷看上幾眼，惹得身邊姐妹發笑。

橋上其餘三個男子注意到後，壞笑著推了推他，然後往橋下偏頭示意。

他卻只是一副司空見慣的冷淡模樣。

四人踩著流星花園的BGM從橋上走下來，惹得姑娘們發出陣陣尖叫。

「哥哥你好帥！」

「大帥哥！看這裡！啊啊啊啊！」

為首的他衣袂飄飄，走過人群後回眸勾起嘴角，眼底帶著四分不羈、三分勾人、兩分邪魅、一分涼薄，在音浪中輕啟薄唇。

「噓……別叫那些花裡胡哨的。」說罷他眨了眨那雙勾人的眸子。

「叫我──」

「唐──」

「伯──」

「虎。」

不怪唐寅這麼有人氣，畢竟他是個典型的高富帥，又擁有一個超強技能 ── 過目不忘，讀書快到「每夜盡一卷」。

十四歲時他師從周臣，學得一手好畫，十六歲考中秀才，前途不可估量。十八

歲又娶了個白富美老婆，早早成為人生贏家。大婚當天，城裡滿是少女心碎的聲音。

可以說唐寅是家裡有屋又有田，老婆漂亮又有錢。他曾以為自己會在如此幸福又美滿的氛圍中度過一生，直到一個乞丐攔住他。

「你二十五歲時有個坎兒。」

唐寅微微一笑：「誰能一生無憂？人生不就是起起落落。」

乞丐搖搖頭。

「自此以後，你步步是坎兒。」

唐寅臉色有點黑：「此話怎講？」

「簡單來說，別人的人生是起起落落，你是起起落落落落落落……」

唐寅足足等了三分鐘，也沒再聽見一個「起」字。

「呸！」唐寅憋不住了，「你才步步是坎兒！你全家都是坎兒！」

乞丐也沒反駁，淡淡回了句：「看唄。」說罷慢悠悠地走了。

唐寅沒想到，這乞丐竟一語成讖。

三

弘治七年，唐寅二十五歲。父親突然中風去世，家裡的重擔猛然間壓到這位才子身上。

「父歿，子畏猶落落。」

父親的離開對唐寅而言無疑是個巨大的打擊。正當毫無社會經驗的他試著走出悲傷，學著如何撐起這個家時，噩耗卻接連而至。

母親由於太過悲傷去世，妹妹也在夫家病故。妻子在生產後撒手人寰，連僅僅出生三天的兒子也夭折了。

一個本來幸福美滿的家，在短短幾年內轟然崩塌。唐寅在意的一切相繼被拿走，一個墨髮如傾的帥哥，一夜白頭。

他開始終日酗酒，荒廢自己的生命。

祝枝山看到他這樣，想盡辦法勸慰他，隔三岔五往唐寅家跑：「唐兄呀，街頭開

了家酒樓，一起去把妹啊？」

可祝枝山磨破了嘴皮子，唐寅還是雙眼無神，不為所動。

祝枝山終於生氣了，一拍桌子：「唐兄！看看你這張帥臉已經蹉跎成什麼樣子了？你得懂得戰勝命運！」

唐寅抬起眼皮，雙眸裡終於有了點光彩，他猶豫著開口：「難道去考取功名嗎……我還……能行嗎？」

祝枝山激動得熱淚盈眶：「你行！你行！你不能說不行！」

四

當舊日的最強大腦重新啟動，鋒芒依舊能斬殺一切。唐寅順利考中應天府鄉試第一。

鄉試第一代表著什麼，代表著他未來的仕途一片光明，這是要走花路啊！

「冒東南文士之上。」這位史詩級愛豆唐寅名噪江南，結結實實又當了一回芳心縱火犯。

在一票小姑娘中，大家閨秀何氏脫穎而出，成了唐寅第二任妻子。

名利在前，佳人在側，眼瞧著幸福生活又要回來了。

乞丐：「嗯？接著往下看吧。」

五

唐寅進京趕考途中，認識了個老鄉叫徐經，對自己特別熱情，兩人一拍即合，成了好朋友，沒事就一起喝酒。

俗話說得好，天上掉的餡餅不能吃，找上門的酒友也不能要。

這天兩人正喝酒，徐經突然拿出一道題來請教唐寅，唐寅沒有多想，乘著酒意洋洋灑灑寫了八張A4紙。

徐經拿著答案開開心心地回去了。

結果考試當天，出的題目正是當日徐經請教過的那題。唐寅也沒多想，「刷刷刷」寫完了考卷。

大榜下來了，唐寅果然高中！可還沒等他去跳舞慶祝，就被抓進了大牢。一起被抓的，還有徐經。

原來，這次考試的題目非常難，考生裡答對的只有兩人，巧的是他們倆是同鄉，考卷答案又極為相似。

嚴刑拷打下，徐經終於交代自己賄賂主考官的家童得到了題目，又事先請唐寅為自己寫了答案。

無辜可憐的唐寅受牽連，鋃鐺入獄。

「至於天子震赫，召捕詔獄，身貴三木，吏卒如虎，舉頭搶地，涕泗橫集。」唐寅在獄中的生活十分悲慘。可相比物質上的慘痛，精神和尊嚴上的凌遲更讓他痛不欲生。

「海內遂以寅為不齒之士，握拳張膽，若赴仇敵。知與不知，畢指而唾，辱亦甚矣！」這是唐寅生命中最羞恥的烙印。

六

一年後，他終於出獄。但今生不被允許參加科考，也不能再走仕途。

唐寅失魂落魄地回到了老家，滿以為妻子能慰藉一下自己傷痕累累的心。但沒想到何氏一看富貴夢破滅，便頭也不回地離開了。

唐寅的世界再一次塌方。

不過這回，唐寅沒有借酒消愁，而是選擇去當旅行YouTuber來排遣抑鬱。

「放浪形骸，翩翩遠遊，扁舟獨邁祝融、匡廬、天台、武夷，觀海於東海，浮洞庭、彭蠡。」

可古代沒有vlog，旅行YouTuber也沒法賺錢，唐寅終於花光了自己兜裡最後的銀子，再次兩手空空地回到了家。

唐寅拎著行李站在院中，孑然一身，家徒四壁——這時的家已經不能稱之為家了。

正當唐寅身心俱疲了無生意時，一雙手搭在他的肩上。

「你是？」

女子斂首蛾眉，淺笑垂眸：「沈九娘。」

七

打那天起，沈九娘就黏在了唐寅身邊。在沈九娘的溫柔照顧下，唐寅那顆千瘡百孔的心似乎修復了一些，重新煥發了生機。

後來，沈九娘成了他第三任妻子。

「閑來寫幅丹青賣，不使人間造孽錢。」這位曾遊戲人間的浪子終於明白，對自己來說，最好的生活不是功名利祿，而是我作畫寫詩，你洗硯鋪紙。

唐寅用存下的錢在姑蘇城北桃花塢蓋了間小別墅，取名桃花庵。很快二人也有了孩了，一個聰明伶俐的女兒——桃笙。

也就是在這裡，唐寅寫下那首大名鼎鼎的《桃花庵》。

桃花塢裡桃花庵，桃花庵下桃花仙。

桃花仙人種桃樹，又摘桃花換酒錢。

或許命運是看唐寅太苦了，便借給他歡喜的六年，可借來的東西終究是要還回去的。

沈九娘三十七歲時，由於勞累病逝了。

如果說唐寅的心是沈九娘修復好的，那她離世時，就連著那根承重梁也一齊帶走了。

這次，唐寅的世界不只是出現裂痕，也不是崩塌，而是徹底不復存在。

相思兩地望迢迢，清淚臨門落布袍。

唐寅再次變回那個沒有心的浪子，縱情聲色花酒，不問人世春秋。

八

正當唐寅打算就此沉淪時，寧王朱宸濠忽然徵召他去江西做官，稱賞識他的才能。唐寅情場破碎，又逢仕途有望，便答應了寧王。

這位明武宗的親叔叔不僅給予他師爺的官職，更是特意贈了他一座府邸。

一切宛如命運的厚禮，來彌補唐寅前半生的荒唐玩笑，可這不過是個更大的黑色幽默。

不過多時，唐寅發現，寧王有意造反。

事到如今，還如何全身而退？經歷舞弊一案，唐寅不敢再走錯一步。

他苦思冥想，決定放棄自己身為江南第一才子的尊嚴，甚至是做人的尊嚴，開始裝瘋賣傻。

他在街上裸奔，在宴會上對著女士小解，調戲良家婦女，在寧王府門前光著身子怪叫高呼。

「佯狂使酒，露其醜穢。宸濠不能堪，放還。」寧王終於不能忍受，放他回家。

不久後寧王造反失敗，被王守仁俘獲，而唐寅也就此撿回一命。

從身體上來講，唐寅的確是活下來了。

可從靈魂上說，唐寅從決定裝瘋賣傻的那一刻起，便已灰飛煙滅。

沒有愛情，沒有親情，沒有仕途，沒有尊嚴。

命運揮起鐮刀一次一次地斬斷了這位才子身上所有的鋒芒。

當唐寅衣衫襤褸地回到故鄉時，他嘴角竟然掛著釋然的微笑，似乎在嘲笑命運。

「我已經一無所有了，你還有什麼招數，儘管使出來啊！」

九

孤身一人的唐寅在家中靜悄悄地死去了，安靜得彷彿從未來過這荒唐的世界。

幾日後，祝枝山出錢買了棺材，將他埋在了桃花庵，那棵他最愛的桃樹下。

煙雨江南，朦朧三月。

橋頭似有一位白衣勝雪的男子，墨髮高束，手持山水扇，在瀝瀝桃花雨中孑然而立。

那桃花落得心底片片文墨，落得眼底款款深情。

「別人笑我太瘋癲，我笑他人看不穿。不見五陵豪傑墓，無花無酒鋤作田。」他一身霜月冰涼，嘴裡喃喃吟著詩，出神地望向遠方。

身後不知是誰家姑娘大喊一聲：「帥哥！看這裡！」

男子愣了一下，回眸淺笑。

花瓣擦過他的臉，音容如舊。

「別亂喊。我叫……」

「唐——」

「伯——」

「虎。」

王徽之
中二少年的世界你不懂

文 顧閃閃

王羲之有七個兒子，個個都是人才，書聖本人也相當自得，逢人便誇獎他們。

「這是我大兒子玄之，蘭亭聚會上露過臉，隸書草書都不錯，想必大家還有印象……」

「這是我二兒子凝之，雖說看上去平平無奇，但媳婦娶得好，詠絮才女謝道韞知道嗎？」

「這是我小兒子獻之，長得帥人品好，書法深得我真傳。生子如此，謝安看了都羨慕！」

「這是我五兒子徽……徽之呢？」

「王徽之！」

「獻之你哥呢？」

優等生王獻之表示：「別問我，我不知道，徽之跑起來比誰都快。」

以上說法有史料為證[1]，據說這天王獻之和王徽之在一個屋寫作業，房頂突然著起火來。身為東晉知名男神、無數少女的偶像，王獻之緩緩合上書本，收好作業，整理儀容，隨後用低沉而有磁性的聲音喚來侍從，被他們攙扶著，無比優雅地走出了著火的房間，神色恬然，甚至沒有回頭看上一眼。

火：喂！你這個人有沒有點安全常識？我不要面子的嗎！

與此同時的王徽之……

他已經憑藉矯健的雙腿和破鑼嗓子，讓整個烏衣巷都知道自己家著火了。

對了，他還沒穿鞋。

王羲之捂臉：「修養呢？儀度呢？當年郗太傅招女婿你爹都不為所動[2]，小小一場火災就驚慌成這樣？出門別說你是我兒子！」

果不其然，這事沒過幾天，就登上了當時的八卦雜誌《世說新語》頭版，輿論紛紛倒向了正統系美男子王獻之的這邊，末了還不忘拉踩王徽之，放言要把他逐出名流圈。畢竟當時盛行品評人物，名士們的一舉一動都逃不過圍觀群眾的注視，喪命事小，失態事大。

追求風度，提高個人修養本來是件挺好的事，然而一旦過分，就將成為束縛人的樊籠。當時的子弟們為了躋身名士之流，簡直是用盡了渾身解數。他們看不上王徽之，王徽之還瞧不上他們呢！作為整個東晉最自由的小精靈，王徽之完全可以用七個字來形容——清新脫俗不做作。

[1]典出《世說新語·雅量第六》。
[2]典出《世說新語·雅量第六》。

琅琊王氏基因優越，素有滿目琳琅之稱。從西晉開始，這個家族便憑藉著強大的實力和遠超常人的顏值，長居皇室聯姻榜第一名。可王徽之偏不懂得珍惜自己祖傳的好相貌，平日頭髮也不知道束，衣帶也不好好繫，睜著一雙睥睨俗世的眼，看起來搖滾又飄逸，頗有竹林七賢當年的風範。

王徽之不僅生活裡瀟灑不羈，工作中也總和常人反著來，這一點他的長官桓沖深有體會。兩人之間的軼事能編一出小品，名字就叫作《論如何氣死自己的上司》。

這天上司桓沖下來視察工作，所到之處官吏無不逢迎，秩序井然，直到他推開了王徽之的辦公室。

桓沖：「……」

桓沖：「騎曹參軍人呢？」

兩炷香後，王徽之拖拉著衣袍被提過來，行禮之前，先對著桓沖打了個長長的哈欠，一副沒睡醒的懶散樣子。

桓沖是出了名的忠正不阿，看到這場面差點當場厥過去，一邊撫著自己胸口默念「他年紀小，他年紀小，我不和他一般見識」，一邊板著臉道：「你還記得你是哪個部門的嗎？」

王徽之搔了搔頭髮，帶出一根草葉，想了半天才答道：「好像是放馬的。」

有這樣的下屬，桓沖當真怒火中燒。

他登時就氣笑了，順著王徽之的話頭道：「行，放馬的，那你管著幾匹馬呀？」

王徽之道：「我也不懂養馬，哪裡知道數量？要不我把飼養員叫來給你問問？」

說著抬腿就要走。

桓沖心說這真是沒救了，忙將他拉回來道：「就算馬的數量太多，你搞不清楚，那你總該知道，最近死了幾匹馬吧？」

只見王徽之臉不紅心不跳，眨巴著一雙無辜的大眼睛，理不直氣也壯地答道：「未知生，焉知死？」[3]

我連活馬的數量都不知道，又哪裡知道死了幾匹呢？

---

③《晉書王徽之傳》：又為車騎桓沖騎兵參軍，沖問：「卿署何曹？」對曰：「似是馬曹。」又問：「官有幾馬？」曰：「不問馬，何由知數！」又問：「馬比死多少？」曰：「未知生，焉知死！」

這句話本是孔夫子的名言，用來闡述其著眼現世，以人為本的儒家精神。他老人家要是知道自己的話被搬出來當作曠工的理由，估計得和現場的桓沖一樣氣得口吐白沫。

然而王徽之最絕的，是壓根不把桓沖當上司。

這天，王徽之騎著馬隨桓沖出門巡視，突然天降大雨，澆濕了他飄逸的頭髮。

桓沖坐在自己的馬車內，聽見了窗外的雨聲，正想對王徽之說，要不我們先找個地方避避雨……抬頭卻看到已有人滿身濕透地坐在了自己對面。

王徽之：「嘻嘻，打擾啦。」

桓沖：「……」

你不應該在車裡，你應該在車底，呸，應該在馬上。

王徽之擰擰衣角的水：「哎，這雨下得真大啊。」

桓沖：「你搞清楚，我是上司。」

「哦……」王徽之再次露出笑顏，「這雨下得可真大啊，長官！」

桓沖忍住把他掀下車的衝動，深吸了一口氣，白了他一眼。

王徽之委屈道：「你怎麼能獨自坐一輛車呢？正好現在下雨了，不如我來陪陪你吧。」

桓沖算看明白了，自己這位下屬對官場規矩毫無瞭解，就跟小孩子沒什麼分別。

隨著瞭解的深入，桓沖對王徽之的印象也有了改觀。這日他坐在桌案前辦公，王徽之在座位上發呆，他沒忍住，清了清嗓子提點道：「你來我這裡也有段時日了，總這樣糊塗度日怎麼行？也該開始學著處理公務了。」

王徽之維持著發呆的姿勢，陷入了靜止，就這樣過了好久。

桓沖：「喂，你聽沒聽見我說話？」

王徽之這才回過神來，卻沒有答話，只是望向竹簾外的山川雲靄，用手撐著臉頰道：「長官你看，西山的潮氣過來了，這天地間才有了幾分涼爽。」

其實桓沖早就發現了，王徽之並不像自己看到的那般頹廢，他自小熟讀經典，書

法深得其父之勢，繪畫也是一絕，又精通樂理，熱愛自然。只是他生來狂傲率真，心性如被池水洗滌過一般，不喜歡被官場羈縛，但琅琊王氏的處境，又令他身不由己。

他喜歡竹子，暫住的屋舍外都栽滿了翠竹，最愛在竹林中吹著口哨快樂地吟唱，曾指著竹子對人道：「何可一日無此君！」

他到雍州刺史郗恢家裡做客，看見人家廳上的漂亮毛毯就順回自己家裡，還要嘀咕：「阿乞家裡怎麼有這樣的好東西？」等郗恢出來尋找時，他卻背著雙手望著天，信口道：「剛才有個大力士把毛毯背走了。」惹得郗恢都想上前摸摸他的頭，問他要不要再編個稍微合理點的理由。

王徽之住在山陰的時候，有天夜雪初霽，月色清朗，四望皓然。他煮酒獨酌，吟誦著左思的《招隱詩》，不知哪兩根神經「啪」地搭上了，忽然瘋狂想念好朋友戴安道。

於是他吹滅油燈，戴好斗笠，叫醒家僕，開出私家船，連夜就往戴安道家殺去。

家僕：「大人，您知道戴安道家在哪嗎？ 他在剡縣，您知道剡縣多遠嗎？」

王徽之：「我不管，我就要去。」

整整一夜過後，小船停在了戴安道家門口，筋疲力盡的家僕：「真是感天動地的友情，成，您趕快進去吧別再凍著……」

王徽之：「算了，不進去了。」

家僕：「啥？」

王徽之：「我突然想回去了。」

家僕差點當場就哭了，問大人您這圖的啥？ 王徽之欣然道：「我本乘興而來，現在興致盡了就回家去，何必非要見戴安道？」

直到最後，戴安道都不知道，曾有人連夜狂飆數十里，在自家門口短暫停留過。

回想起來，這個王徽之真的沒有做過什麼特別「正人君子」的事情，他頑皮、任性、不講禮數，有時候甚至胡來。時人有不少批評他的，但卻少有人不喜歡他，所有人不管身份如何，立場如何，都不約而同地愛護著他，就像愛護濁流中的一眼清泉。

究其緣故，大概是他有一雙能讓人卸下心防的眼睛，這在亂世中實在是太珍貴了。

多年後，王徽之不再年輕，於是棄官東歸。

病痛無情，同時降臨在他和獻之身上，他與那位境界不同的六弟終究是殊途同歸了。臥在病榻上，他問術士有什麼辦法能夠回天，將獻之從鬼門關拉回來。

術士告訴他：「人的壽命皆是定數，若要起死回生，必須找到一位願意以身代之的活人。」

王徽之拉住術士道：「我不論才能還是品德，都不如獻之，請拿走我餘下的壽命，將獻之換回來。」

術士望著他，深深歎息道：「代死之人，須得自己有壽命可活，才能救活亡者。如今你與令弟的生命都走到了盡頭，又何談代死呢？」

果然沒過多久，獻之便離開了人世。王徽之聽到這個消息的時候沒有哭，坐著馬車前去奔喪的時候也沒有哭，甚至沒有露出半點悲傷的神色。他進門便直接拿過弟弟平時愛彈的古琴，專注地調弦。可是弦怎麼也調不好，王徽之也愈來愈急躁，最終他將琴丟在地上，眼淚大滴大滴地落下來，捂著臉悲慟道：「子敬[4]，子敬，人和琴都不在了！」

話音落時，他背疾復發，當場痛昏過去，沒過一個月也去世了。

許是與桓氏有緣，王徽之生前與笛聖桓伊也有過一段邂逅。當時年少的他逆流而上，桓伊於岸上乘車而過，雙方素不相識，互相久仰。

「那便是桓子野。」船上有人這樣告訴王徽之。

王徽之便差人向桓伊傳話道：「聞君善吹笛，試為我一奏。」當時的桓伊已身居高位，本可以拒絕這無理的請求，但他在聽到王徽之的名字後，卻欣然一笑，當即下車，坐在胡床上，橫笛現場吹奏三調。笛聲清韻悠遠，回蕩在山壑之間，使聽者無不忘情。

奏罷，桓伊登車，王徽之行船，雙方不交一言。

唯有那首至清至明的笛曲，被後人記載流傳下來，名為〈梅花三弄〉。

---

④子敬：王獻之的字。

趙孟頫

浮 生 隱 曲
君 子 弘 毅

文 玑瑠梁

西元 1316 年，元朝延祐三年，正值初冬，天降微雪。

時任翰林學士承旨、榮祿大夫的趙孟頫，在家中書齋翻閱佛經。看到會心之處，便鋪開筆墨，給他的朋友中峰禪師寫信：

「手書和南上中峰和上吾師侍者……孟頫竊祿叨位，日逐塵緣，欲歸未能，南望馳企……」[1]

一般來説，在朝的士大夫給方外高僧寫信，都會寫上幾句鄙薄功名利祿的話，這往往是一種客套，當不得真。但趙孟頫這幾句話，卻是他內心真實的寫照。

他提筆凝神，隨後發出一聲歎息。

「欲歸未能」，一生的矛盾、掙扎、糾結，大半都在這四個字上了。

他是趙宋皇室後裔，宋太祖趙匡胤十一世孫，親王趙德芳嫡系子孫。高貴的出身到了宋朝末年，已經不能保障他衣食無憂，甚至在父親亡故後，少年的他可謂衣食清寒。生母丘夫人重視教育，督促他好好讀書。他也確實天資聰穎，致力於學，用功刻苦，在吳興聲名鵲起。這期間有元朝官員數次請他出仕，他都推辭不去。

然而，靠禮貌、謙退、委曲求全的日子終於難以為繼。

至元二十三年（西元 1286 年），行台侍御史程鉅夫來到江南，奉旨搜訪隱居江南的宋代遺臣。

程鉅夫站在趙孟頫的門前，言辭客氣，禮數周全，身邊一眾士兵虎視眈眈。

換句話説，識相，算是請你出山；不識相，就是綁你出山。

這樣軟硬兼施，最後搜訪來二十多個人，趙孟頫名列榜首。他深知此次出仕的危害，他「前朝宗室」的身份，他「清高士人」的名聲，從此便是招致積毀銷骨的根由。

然而，他不能辭，不敢辭，也不忍辭。

普天之下，盡歸元朝。此刻拒絕搜訪，不做元朝官員，也做不得逸民，唯有一死。他的學養、他熱愛的書畫藝術、他休戚與共的妻子親族，都要跟著陪葬。

那個已經滅亡十年的宋朝，值得陪著它墮入永恆的黑暗嗎？

---
[1]《致中峰和尚札》。

趙孟頫不知道。

他只知道，活下去，會很艱難，很痛苦，卻也能做很多事情。

更何況，元世祖忽必烈對他十分恩厚。

覲見大元皇帝的時候，趙孟頫內心也是忐忑的，但素來的修養讓他維持著風度。忽必烈見到了這個有盛名的江南才子，「才氣英邁，神采煥發，如神仙中人[2]」。這個「馬上得天下」的蒙古皇帝不由得眼前一亮。

「賜座，坐到朕的身邊來！」

忽必烈指的位置，竟然是在右丞相葉李之上。即使是故意籠絡人心，這麼「優待」也是過頭了些。朝臣們不由得面面相覷，更有人進言：「趙孟頫是宋朝宗室子弟，不知是否值得信任？怎麼能讓他如此靠近御前呢？」

忽必烈置若罔聞，趙孟頫只得聽命。他在四周充滿嫉妒和狐疑的眼光中，走到那個位置坐下。忽必烈目光炯炯地望著他：「如今尚書省剛剛成立，朕急需草擬詔書的人才。你既是江南才子，就給朕寫一份頒佈天下的旨意吧。」

詔書很快寫完了。皇帝拿過來看，既驚豔於那清俊的書法，也讚賞那精準流暢的文筆：「得朕心之所欲言者矣！」

這是趙孟頫出仕的第一件任務，是來自帝國至尊者的考驗，更是稱得上精彩的一次亮相。他，就此是元朝的官員，生活在輿論的夾縫之中，就此受到當權者籠絡天下士人政策的恩遇，也飽受宋朝遺民的唾棄和蒙古貴族的猜忌。

然而，他趙孟頫，並不甘心一輩子唯唯諾諾。

在夾縫中，也有發光的時刻；在柔曲中，也有立身的堅韌。

「你這個南蠻子，年紀輕輕，口氣倒不小，竟敢詆毀國法？奉行寶鈔計贓論罪，那是大元的國策。你妄加非議，莫非是想阻礙寶鈔的流通嗎？」

奉旨在刑部商討制定刑法的時候，趙孟頫便受到了這樣的粗暴斥責。在座官員都

---

② 《元史・卷一百七十二・列傳第五十九》。

認為貪贓至元寶鈔二百貫，就該處以死罪。趙孟頫認為此條款定罪太重，尤其是寶鈔在通行二十多年後，面值已經跟如今的物價不相符，改為以價值穩定的絹來換算貪贓的數額，較為合理。這番話本來純屬就事論事，沒想到卻招致這樣的人身攻擊。

看向趙孟頫的目光，大多帶著敵意，有些人甚至流露出明顯的幸災樂禍。然而這個風度翩翩、斯文謙和的南方人，這次卻沒有退縮。他朗聲說道：「死刑的設定，關係到人命，輕重設置，非同小可。如今我們是奉旨議法，並非孟頫妄發議論。國策設立，也要依據現實來調整，怎麼可以不講道理，以勢壓人？」

那人望著正氣凜然的趙孟頫，一時間啞口無言。此後，當面與他辯論的朝臣少了，然而背後的攻擊卻是越來越多。忽必烈幾次想要重用趙孟頫，都因有人從中作梗未成。

官場和人心的險惡，給了趙孟頫更多壓力，但沒有得到「朝朝染翰侍君王」的職位，他也並不覺得遺憾。

他無意招惹更多的詆毀和攻擊，同時也沒有因此放棄做事的原則：以自己的努力，儘量影響、改變、消除朝廷的某些苛政。

族人、士人、南方人唾罵他的苟活，他卻要在此間證明，活下去，能做很多事。

至元二十七年，京師發生大地震。趙孟頫時任集賢直學士，聯合與他政見相同的官員，建議忽必烈免除賦稅、大赦天下，減輕受災百姓的負擔。忽必烈同意了，詔書都已經擬好，送到了當時的丞相桑哥的面前。

「這不是陛下的旨意！」桑哥面對詔書，竟然勃然大怒。

眾人噤若寒蟬。他們知道，桑哥之怒，是因為此前他徵稅時大加搜刮，中飽私囊，待徵未徵的稅款尚有千萬，他怎能容忍如此多的錢糧因一紙詔書落空？然而桑哥權勢熏天，他的話無人敢反駁。

眼看詔書竟然要成為空文，趙孟頫挺身而出。這一次，他沒講什麼大道理，而是從實際出發委婉勸說：「丞相想想，百姓因為受災，大多都傾家蕩產，他們哪裡有錢再交稅呢？如果不順水推舟地免除稅賦，還按照原來的計畫制定稅收政策，將來稅款收不上來，尚書省和丞相您不是要跟著受連累嗎？」

桑哥聽了這話，倒是呆了一呆。片刻後，他臉色和緩下來，不無勉強地擠出一絲微笑：「還是學士您想得周全，那就……這麼辦吧！」

百姓有了活路。

史書上對此書了三個字：民始蘇。

桑哥從此對趙孟頫更多了一分忌憚。這個說話文縐縐的南蠻子，恐怕並不像他想得那麼軟弱，也不是一個單純妝點朝廷的文臣。

他看得並不錯。

桑哥的專橫跋扈、貪贓枉法，終於到了引發眾怒的程度，也引起了忽必烈的猜疑。趙孟頫看準機會，勸說忽必烈信任的近臣徹里彈劾桑哥。

徹里對桑哥的倒行逆施早就不滿，他慨然檢舉桑哥。經過調查，桑哥貪贓屬實，終於伏誅。而趙孟頫，並沒有藉此飛黃騰達、接近中樞。他去了外地任職，繼續著他寬和的施政方針，也在他視為精神寄託的書畫藝術中不懈探索。

他書畫雙絕的妻子管道升，始終陪伴在他的身邊，為他料理家事，與他精神呼應，互相代筆、唱和。

他寫詩抒發出仕帶來的內心痛苦：「在山為遠志，出山為小草。古語已云然，見事苦不早。」

她便寫：「人生貴極是王侯，浮名浮利不自由。爭得似，一扁舟，弄月吟風歸去休。」

他作畫提倡貴有古意，以雲山為詩，以書法入畫，開一代畫風。

她擅長畫墨竹梅蘭，筆意清絕，韻味頗深，引得元朝皇室特為收藏和讚譽。

西元 1310 年，元廷將趙孟頫召回京師，授翰林侍讀學士，同修國史。

元仁宗待他依然恩厚，只呼其字不呼其名，言談間對他也是稱讚有加，認為他是本朝的李白、蘇軾。

有些人想要離間兩人關係，上書認為趙孟頫沒有編修國史的資格。元仁宗正色道：「趙子昂是世祖皇帝選拔的重臣，朕優待他有何不妥？你們囉唆什麼？」

這樣的攻擊，趙孟頫一生見得太多了。他並不以為意，但確實已經萌生退意。

南方的山林在召喚他。當初上京，是為時勢所迫，他做了力所能及的事情，也在政治的漩渦裡努力圖存。可對於如今的他來說，再多的榮華不過是一個符號，他想回家。

久在樊籠裡，一朝返自然。

直到外面的家人傳話進來，趙孟頫才發現自己已經出神太久了。

書信只寫了一半，而筆頭的墨都已經凝固。

「什麼事？」他定了定神，問道。

原來是宮廷御府的官員，奉旨給他送來貂鼠皮裘。

「學士數月不到宮中，陛下聽說學士年老畏寒，特意賞賜的。」

御賜的裘皮，如此輕軟。

趙孟頫謝恩。

遣退了眾人後，他潤開了筆墨，寫下了一首《自警》詩：

「齒豁頭童六十三，一生事事總堪慚。惟餘筆硯情猶在，留與人間作笑談。」

至治二年夏，趙孟頫病逝家中。是日也，仍觀書寫字，談笑如常，至黃昏，安然離世。

後人有鄙薄他「降元」，詆毀他筆法「諂媚」的議論。

他留下的精彩書畫，卻分明顯露著犀利的線條和立體的墨色。

活下來，確實能做許多事情。

顔真卿

鐵血大唐真漢子

⽂拂羅

顏真卿出生在西元 709 年，正是詩仙筆下令人夢魂縈繞的盛唐時期，他祖上是鼎鼎有名的文學家顏之推，著有《顏氏家訓》。有這般來頭，按說該是個書香門第吧？

但顏家祖輩當官過於清廉，到顏真卿這一輩三歲喪父，家道就這麼衰敗了，府上除了書還是書。

顏真卿啃著書長大，在母親的悉心教導下，寫出「三更燈火五更雞，正是男兒讀書時。黑髮不知勤學早，白首方悔讀書遲。」這樣的詩句，家裡沒紙筆，他就用黃泥蘸水在牆上練字，立志報效祖國。

報效祖國就得當官，當官就得考試。顏真卿和眾多學子一樣奔赴考場，二十五歲高中進士甲科，算是初步踏入官場。他從基層縣尉做起，經兩次升遷成了監察御史，四十歲的時候，調入中央當了殿中侍御史。

總而言之，就是和黑惡勢力對著幹，負責向皇上打報告的職位。

這個職位幹好了是奉旨得罪人，幹不好是奉旨敵封口費，非得是剛正不阿的人來做不可，恰恰顏真卿就是這麼個正直不阿的人，這職位簡直是為他而生的。

顏真卿深受百姓愛戴，他在巡查五原時平反冤獄，久旱的天居然當即下起了雨，百姓們樂得直磕頭，說這是及時雨宋……啊不是，是御史雨[1]。

雨當然和顏真卿沒關係，但可見他在百姓心目中的地位之高。在四十歲的時候，顏真卿被調入中央當了殿中侍御史，這個官是做啥的？還是搞監督的，只不過這次監督的對象變成了百官，主要監督殿庭禮儀。

按理說這下顏真卿可算事業有成了，但京城雲集了太多覆手風雲的大人物，可謂是人心爭鬥的黑暗漩渦，多少文人墨客就是栽在「清流」這個詞上。耿直的顏真卿很快成了朝堂裡的異類，不受人待見，尤其是不受當時宰相楊國忠的待見。

當時楊國忠手下陷害忠良，顏真卿看不慣這事兒，憤怒地站了出來。[2]他因此得罪了楊國忠，被幾次外調邊塞又回京，好友岑參還寫過詩送行。到西元 753 年，楊

---

① 《新唐書》：再遷監察御史，使河、隴。時五原有冤獄久不決，天且旱，真卿辨獄而雨，郡人呼「御史雨」。復使河東，劾奏朔方令鄭延祚母死不葬三十年，有詔終身不齒，聞者聳然。
② 《新唐書》：時御史吉溫以私怨構中丞宋渾，謫賀州，真卿曰：「奈何以一時忿，欲危宋璟後乎？」宰相楊國忠惡之，諷中丞蔣洌奏為東都採訪判官，再轉武部員外郎。國忠終欲去之，乃出為平原太守。

國忠終於找到機會將他徹底踢出京城，到偏遠的河北一帶當了平原太守。

官場果然是起起落落。

顏真卿再折一枝京城柳，深深回望一眼京城，揮手作別。

平原郡屬於節度使安祿山的管轄範圍，上任不久，顏真卿立刻發現了原來最大的威脅不是惡劣的環境，而是安祿山的不軌之心！此時距離安史之亂僅剩兩年。正是邊塞風雨欲來，長安歌舞不休，那一騎紅塵傳達的不是邊關戰報，而是李隆基博妃子一笑的豔紅荔枝。

西元 755 年，「安史之亂」爆發，多年不曾經歷過戰亂的大唐瞬間淪陷掉半壁江山，叛臣安祿山迅速佔領東都洛陽，自稱大燕皇帝。

當河北諸多郡縣相繼淪陷，遠在京城的唐玄宗仰天歎息：「河北二十四郡，莫非無一忠臣？」[③]

此時，有一騎使者匆忙趕赴長安，稟報戰亂，正是平原郡太守顏真卿派來的，他們發誓誓死抗爭！唐玄宗大喜：「我平日不瞭解顏真卿，他辦事竟如此傑出！」

亂世現英雄，唐玄宗萬萬沒想到，一介書生竟提前預料到了安祿山的反叛。原來顏真卿為了不打草驚蛇，假借天氣惡劣為由，加高城牆，準備糧草，招兵買馬，表面上依然和其他文人吟風弄月，騙過了安祿山。

安祿山：「噫，想不到你也是個白切黑。」

顏真卿：「呵。」

人心惶惶之際，顏真卿在城西門對將士們發表一番慷慨激昂的講話，痛斥逆賊，動情處熱淚橫流，軍心一振，台下山呼海嘯，周圍許多郡也紛紛前來助力，凝成一股抗賊力量。當時叛軍剛攻下東都洛陽，安祿山派使者將洛陽三位守將的頭顱送過來示威。

安祿山：「看見沒有？再抵抗，這就是下場！」

---

③《新唐書》：安祿山逆狀牙孽，真卿度必反，陽托霖雨，增陴浚隍，料才壯，儲廥廩。日與賓客泛舟飲酒，以紓祿山之疑。果以為書生，不虞也。祿山反，河朔盡陷，獨平原城守具備，使司兵參軍李平馳奏。玄宗始聞亂，歎曰：「河北二十四郡，無一忠臣邪？」及平至，帝大喜，謂左右曰：「朕不識真卿何如人，所為乃若此！」

顏真卿：「呵。」

為了不讓軍心動搖，顏真卿下令斬了使者，又將三個頭顱藏起來：「我認識這些人，這些頭都不是他們的，放心吧。」[④]

過了些時日，顏真卿才偷偷用草編成身體，接上這些頭顱入殮，強壓的悲憤湧上心頭，他不禁對靈位失聲痛哭。

山河飄零，東都淪陷，前路如何？

顏真卿很快擦乾眼淚，他不能哭，他的名字是一面旗幟，不能倒下。藩鎮將領劉正臣準備率軍歸順，顏真卿大喜，不僅送去十萬軍費，甚至將自己十歲的兒子送去當人質，以表決心。[⑤]

河北十七郡同時投奔顏真卿，推選他為主帥，率二十萬軍與叛軍抗爭到底。當時李亨已在靈武登基，顏真卿便經常與新帝書信往來，後來史思明大軍襲擊河北，眼看河北僅剩三軍，且人心不齊，顏真卿忍痛放棄平原郡，顛簸上路，拜見李亨。

臨行以前，偶然回頭望，家國滿目瘡痍。

再一望，顏家滿門盡忠烈。

安史之亂歷經八年，戰火燒了八年，後來顏真卿因平叛有功被調回中央任職，卸下一身硝煙再歸家，只見滿堂靜默的靈牌：堂兄、姪子……顏家為國犧牲者三十餘人。

亂世，亂世！

顏真卿提筆鋪紙，悲上心頭，揮筆作文，一氣呵成作《祭姪文稿》於世，祭奠英魂。

這是一個靈魂跨越古今對亂世的控訴，彷彿要穿透文字、穿越盛唐，嘶吼出聲，故而後世臨帖者，往往臨摹至半，沉痛難忍，需緩一口氣，將這亂世的悲氣放歸天地，方能繼續。

---

④《新唐書》：賊破東都，遣段子光傳李憕、盧奕、蔣清首徇河北，真卿畏眾懼，紿諸將曰：「吾素識憕等，其首皆非是。」乃斬子光，藏三首。它日，結芻續體，斂而祭，為位哭之。
⑤《新唐書》：會平盧將劉正臣以漁陽歸，真卿欲堅其意，遣賈載越海遺軍資十餘萬，以子頗為質。

亂世已經結束，顏真卿平叛有功，這下總該在朝堂占有一席之地了吧？然而並沒有。

顏真卿的官場軌跡基本是這樣的：被新帝召回來，得罪當朝宰相，被新帝攆走，下一任新帝上位再召回來。

「大人，新帝說您能回去啦。」

「大人，新帝說您還是走吧。」

……

轉眼就到了唐德宗繼位時期，此時的宰相叫盧杞，這位盧杞也看顏真卿不順眼，覺得他嘰嘰歪歪忒煩人。

安史之亂雖然平定，但各個藩鎮從此成了隱患，形成獨立割據的局面，到了西元783年，淮西節度使李希烈叛亂，攻佔汝州，盧杞腦袋裡亮起個燈泡：「嘿，我何不讓那顏真卿去送死？他不是平過叛嗎？他厲害，他憑一張嘴去平叛啊？」

於是盧杞建議派顏真卿前往李希烈大營，傳達朝廷旨意，唐德宗點頭同意：「行，去吧。」

消息一出，群臣譁然，許多人為顏真卿上奏說話，許多人勸顏真卿不要去。

顏真卿只說了句：「皇上旨意，是臣能違抗的嗎？」

他為之操碎了一輩子心的大唐，如今竟讓他去送死！

顏真卿沒有回頭，一路顛簸來到敵營，李希烈一心想給他個下馬威，提前安排部將千餘人聚在內外，等到顏真卿宣讀聖旨，這千餘人就提刀湧入，刀尖相向，謾罵威脅。

顏真卿面不改色，他是經歷過安史之亂的人，曾見兵臨城下十萬餘兵戈，會怕這些小伎倆？

李希烈自討沒趣，這才讓眾人退下，又將顏真卿軟禁起來，逼他寫信給朝廷為自己洗白，顏真卿一筆未動。

李希烈曾讓人點起火：「看見沒有？再不寫就燒死你！」

顏真卿起身就往火裡跳，被周圍人驚恐地攔住。

李希烈終於意識到，這人不是一般的倔。

再後來李希烈佔領汴州自立為皇帝，派人詢問顏真卿登基儀式的事：「老顏啊，你看咱們都各退一步，你就服個軟成不？」

顏真卿凜然回答：「我掌管國禮，但只記得諸侯朝見皇帝的禮，不記得什麼賊子謀權的儀！」[6]

後來李希烈節節敗退，顏真卿料定對方必不會放自己回京城，便提前寫好了給唐德宗的遺書、自己的墓誌和祭文，面朝寢居西牆，長歎一聲：「這就是我放屍體的地方啊。」

那是他再回不去的長安。

顏真卿果然沒能再活著回京，當時李希烈的弟弟被殺害時，李希烈因此遷怒於被軟禁的顏真卿，派宦官帶著賜死的詔書來見他。

「皇上有詔——」

顏真卿一拜再拜：「臣使命未完成，罪該當死，這聖旨是哪天從長安來的啊？」

宦官道：「是從大梁來的。」

顏真卿恍然大悟，原來這是李希烈的偽詔！ 他怒極顫巍巍地站起，指著宦官破口大罵：「逆賊也敢稱聖旨！」[7]

宦官二話不說，將其縊殺，死訊傳到京城，三軍慟哭，半年後李希烈之亂被平定，顏真卿靈柩得以回京，德宗為其廢朝五日，賜諡號文忠。

顏家三十多位靈牌，端端正正地多了顏真卿的名字，一撇一捺，都是那遒勁的顏體。

在命運岔路口，總有人毅然選最艱難的那條，有些人的悲劇註定無法避免，也因這悲劇，他的國與他融為一體，成了漫長歷史上的民族符號。

這也是顏真卿在自己的人生裡，慢慢收尾的最後一劃。

---

⑥《新唐書》：希烈僭稱帝，使問儀式，對曰：「老夫耄矣，曾掌國禮，所記諸侯朝覲耳！」
⑦《資治通鑑》：中使曰：「有敕。」真卿再拜。中使曰：「今賜卿死。」真卿曰：「老臣無狀，罪當死，不知使者幾日發長安？」使者曰：「自大梁來，非長安也。」真卿曰：「然則賊耳，何謂敕邪！」遂縊殺之。

子瞻
526413 人在看

+追蹤

人　氣
9 5 8 4 4 3 6

蘇軾．我的吃播日常

文 老鼠吱吱

 東坡迷妹：東坡肉東坡肉東坡肉！

 小仙女：給東坡大大打 call ！

饕客在這：東坡大大怎麼又被貶官了？

子　瞻
526413 人在看　+追蹤

人　　　氣
9584436

東坡肉

「大家好，今天帶大家來品嚐的這道菜呢，食材非常普通，基本上人人都見過、吃過。沒錯，就是彈幕裡大家都在刷的豬肉。我為什麼今天要做這道菜的吃播呢？原因嘛……還不是因為我又被貶官了，身無分文被發配到黃州這個蠻荒之地，任誰都要說一句，我太難了。」

蘇軾背後的爐上擺著一口小砂鍋，鍋蓋早已被擦得鋥亮，氣孔處正不停地冒出散發著香味的白煙。

「但是呢，俗話說得好，不蒸饅頭爭口氣，我轉念一想：饅頭？！哪裡有饅頭！我要吃！咳咳……總而言之，來到黃州以後，我就發現這裡的豬肉價格非常便宜，便常常買回來吃。」

螢幕中出現一隻手將鍋蓋輕輕掀開，當中正是一塊被煮得酥軟的豬肉。只見蘇軾用一根筷子輕輕一戳，肉皮即軟了。那豬肉色澤紅潤，醬汁濃稠，風味香醇。他慢慢盛出肉，深深地吸了一口氣，帶著幾分小得意說道：「要煮出這麼好的肉，訣竅

是小火慢燉，不要催它，等火候到了，味道自然極美。那些富貴人家不肯吃，而那些貧困人家又不會煮，所以給我撿了個大便宜，每天起早打兩碗，吃得肚子圓滾滾。」

　　眼前的肉已被咬下一大口，肥瘦相間的口感讓蘇軾愜意地微微瞇起雙眼，像一隻滿足的貓咪。任誰也想不到，這樣一個人，剛剛經歷了牢獄之災，幾乎被置於死地。

　　「太好吃了！ 我決定把這種做法的肉叫作『東坡肉』！ 這次的吃播就到這裡了，我是你們的美食主播蘇東坡，讓我們下集節目再見！ 對了，喜歡我節目的可以『按讚分享追蹤』哦！」

《豬肉頌》

　　淨洗鐺，少著水，柴頭罨煙焰不起。待他自熟莫催他，火候足時他自美。黃州

好豬肉，價賤如泥土。貴者不肯吃，貧者不解煮，早晨起來打兩碗，飽得自家君莫管。

> ⑨ 用戶東坡：笑咪咪地摸著肚子，打出一個飽嗝。

> ⑨ 蘇蘇子：想吃！但是怕長肉肉！

> ⑨ 食物語 111：啊啊啊啊，東坡肉，我的最愛！

子 瞻

526413 人在看

+追蹤

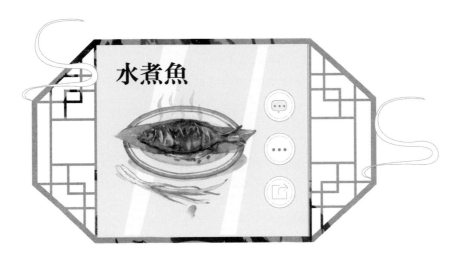

水煮魚

蘇軾剛被貶到黃州，此前一直官卑職微，到處做些小官，到湖州僅兩月便下御史台獄，年輕時的抱負均成泡影。

常人要遇到這些事，早就食欲不振，成日愁眉苦臉了。蘇軾則是：別攔著我，我還能吃！

叮咚！您追蹤的吃播主「愛你小東坡」上線！

「朋友們，又見面了！長江繞郭知魚美，好竹連山覺筍香。今天就來教大家怎麼做魚吧！

Step1：新鮮鯽魚或鯉魚洗淨去鱗後，放在盛冷水的鍋裡。

Step2：放適量鹽。

Step3：加入黃芽白和蔥白數段一起下鍋煮，要彼此分開，不要弄亂。

子 瞻
526413 人在看　　+追 蹤

人　　氣
9 5 8 4 4 3 6

Step4：把少許已拌勻的生薑片、蘿蔔汁和酒一起倒入鍋內。

Step5：等到魚快燒熟時，再加點橘皮絲。[1]

「這道菜的滋味好到無法形容，朋友們可以在家嘗試一下哦！」蘇軾剛燒好魚，便看到窗外有人影經過。

「看看，每次一到吃飯的時候，就有人聞著香味來我家蹭飯！」蘇軾慌忙端起盤子，將魚藏到了碗櫥頂上。

「子瞻！」來者一進門便親近地叫著，原來是蘇軾的知交好友及門下學生黃庭堅，兩人常常以鬥嘴為樂。

蘇軾：「哼！」

東坡大大，你……被發現啦！

啊啊啊，黃庭堅大大來啦！

也要吃魚！

大大給我留點……

好簡單，我也要做這盤菜。

---

[1]《煮魚法》：子瞻在黃州，好自煮魚。其法，以鮮鯽魚或鯉治斫冷水下入鹽如常法，以菘菜心芼之，仍入渾蔥白數莖，不得攪。半熟，入生薑蘿蔔汁及酒各少許，三物相等，調勻乃下。臨熟，入橘皮線，乃食之。其珍食者自知，不盡談也。

子　瞻
526413 人在看

＋追　蹤

人　　　氣
9 5 8 4 4 3 6

黃庭堅不怒反笑：「今天來向子瞻兄請教，敢問蘇軾的蘇怎麼寫？」

這種問題對大文豪蘇軾來說太簡單了，他不滿地拉長臉：「蘇者，上草下左魚右禾。」

「那這個魚放到右邊可以嗎？」

「也可。」

黃庭堅慢悠悠又道：「那這個魚放上面行嗎？」

「哪有魚放上面的道理……」

蘇軾剛一說完，就意識到不對，果然黃庭堅咧出笑臉：「既然子瞻兄也知曉這個道理，那為何還把魚放在上面？」

「你為了吃我的魚算計我！」蘇軾差點被氣成河豚。

這集的美食吃播，在兩人一邊吃著魚肉，一邊歡樂的鬥嘴中拉上了帷幕。

9　叉燒菌：子瞻大大！吃多了大魚大肉我們想看蔬菜！

9　蝦餃餃：附議。葷素搭配啊！求出一集蔬菜專題節目！

9　燒鵝飛了：子瞻大大快回來更新啊，我敲碗等看。

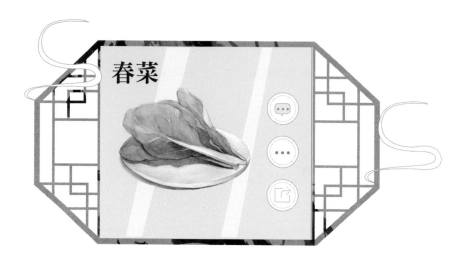

春菜

　　元豐七年十二月二十四日，蘇軾跟泗州劉倩叔一起遊覽南山。早春時節，淡淡的煙霧和稀疏的楊柳使放晴後的沙灘更加嫵媚，天氣雖然還有些冷，但洛澗入淮後的水勢也著實壯觀好看。

　　蘇軾一行人累了，便決定來一次滋味豐富的野餐。

　　「蔓菁宿根已生葉，韭芽戴土拳如蕨。」春天的菜呢，時令是最重要的，在冬天剛過氣溫回暖的日子，蘇軾就對著韭菜苗流口水了……

　　「大家午安！上集的留言中有很多朋友想看蔬菜。這不，這集咱們就以春菜為主題吧！」

　　只見蘇軾先喝了一點茶，驅散剛剛行走的疲憊，煎茶時不斷有白沫往上浮。
　　這時整個螢幕飄過：「大大，茶裡有毒。」

茶裡有毒？　　　　　　茶裡有毒？

茶裡有毒？　　　　茶裡有毒？

茶裡有毒？

茶裡有毒？

茶裡有毒？　　　　　茶裡有毒？

蘇軾耐心解釋道：「宋人以講茶泡製成白色為貴，所謂『茶與墨正相反，茶欲白，墨欲黑』。」

接下來蘇軾準備吃春盤。又有彈幕在刷：「什麼是春盤？求科普。」
「春盤呢就是在立春時將蔬菜水果、糕餅等裝盤饋贈給親友的東西。」
蘇軾邊吃邊喝，蓼菜嫩芽更吃得滿嘴鮮美，十分愜意。
吃飽喝足的小天才蘇軾的腦袋轉了轉，忍不住感歎道：「雪沫乳花浮午盞，蓼茸蒿筍試春盤。人間有味是清歡。」
哪怕是一些蔬菜，蘇軾也能在冬日裡體會到幾分晴朗和希望，所謂老饕便是如此，在最難的生活裡，做最開心的小豬。

荔枝

　　西元 1094 年，蘇軾被貶到了惠州。嶺南一帶的惠州在宋時是罪臣時常被流放的地方，到了這兒的遷客逐臣無一不是人生失意，常常有頗多埋怨。只有蘇軾到了這又興沖沖地繼續他的吃播：

　　「我第一次在惠州吃到荔枝！沒錯，本集我將帶領大家步入水果的世界。荔枝可以說是我最喜愛的水果，它的外形圓滾滾的，果肉卻狀若凝脂，一口咬下時清香多汁！」

　　這種水潤潤的水果一下就捕獲了蘇大文豪的心，他立刻提筆寫下：「羅浮山下四時春，盧橘楊梅次第新。日啖荔枝三百顆，不辭長作嶺南人。」

　　「如果讓我每天吃三百顆荔枝，我寧願離開故鄉做嶺南人！」在惠州荔枝的帶貨路上，蘇軾越走越遠。

「荔枝外面是海上妖女的紅襖，裡面則是下凡仙女的薄紗，根本不需要
楊貴妃的代言也能有不錯的銷量，因為它自身就有絕世的容顏！也不知道
老天爺遺留這東西在世界上，是有意還是無意！」說完，蘇軾又吃了一顆。

　　9　吃不胖呢：大大，荔枝吃多了上火。

　　9　飯團團兒：嶺南水果帶貨第一人。

橘子

「荔枝雖好，但含有大量的糖分，大量攝入之後容易出現口乾舌燥的
現象，我們也得吃些其他的水果。」說完，蘇軾將手中的橘子慢慢剝開，
那芳香的水霧噴灑出來，讓人驚喜不已，他帶著幾分小心翼翼去品嘗那新

橘，然後感受甜中帶酸的汁水在齒頰間如清泉流過。

　　蘇軾手捧著幾個橘子，臉上滿是又驚又喜，這是獨屬於饕客詩人的時刻，他在這小小的橘子中感受到了一陣陣的甜蜜。

　　蘇軾在品嘗每一種水果時，觀眾都能感受到他那顆雀躍的心。

 用戶東坡：「香霧噀人驚半破，清泉流齒怯初嘗。吳姬三日手猶香。」大家快來看看這首《浣溪沙·詠橘》。

 小仙女：為大大打call！

第四章

護一國民　黎蒼生

戀與雅君子

潘安

文／拂羅

請願人：潘安

朝代：西晉

任務背景：在即將迎來「八王之亂」的西晉，皇族爭權愈發激烈，在這之後趙王司馬倫奪權成功，這將牽連斷送一批人的性命，潘岳儼然在列。

請願人身份：原名潘岳，西晉文學家、目前任黃門侍郎，有「美姿儀」記載；文采被譽為「潘才如江」；政績突出，曾在河陽種滿桃花，有「河陽一縣花」的典故；為人孝順專一，與妻子楊容姬十歲定親，早年喪妻後再未續弦。與石崇等人交好，政治上攀附賈謐，是其麾下文人集團「金谷二十四友」中的重要人物。

執行人：02號

備註：系統檢測，本次請願人判定為[危險]，曾經因惡意篡改系統，無法評定成功率，02號曾穿越

「如彼翰林鳥，雙棲一朝只。如彼遊川魚，比目中路析⋯⋯」

她離開後，他時常徘徊在那些桃花樹下，寫下一首又一首悼亡詩。過去多久了？他自己也記不清，他只能小心翼翼地藏好那張紙，靜靜等待著。

直到今天。

「潘大人！」

「是潘大人的車！」

男男女女追著嚷著，向他的車上擲花果，甚至還有個姑娘用力過度，花果直直砸在他的胸口。潘岳本應早就熟悉這番光景，唯獨今日，他神差鬼使地瞥了一眼。

於是再也沒能挪開日光。

等到妳了。

他慢慢拾起那果子，薄唇揚起笑意。

「那是潘大人的車！」

妳出現在推搡的人群之中。

這次居然沒有從天而降！驚喜了沒多久，妳就被瘋狂追車的姑娘們擠得懷疑人生，踮腳往前看，勉強看清了車裡那官員的側影，根據顏值判斷，此人正是潘岳。

姑娘們推搡著妳往前走，居然把妳擠到了追星第一線，不少人往車裡擲花果，那架勢，好像要砸死她們的愛豆。

妳看了一會兒，發現潘岳連頭都沒回一下。

是個不好接近的人啊……不過更重要的問題是，這次妳是出現在茫茫人海裡的，這該如何引起他的注意啊！

妳決定……

A	B
拿起水果砸他頭上	跟著大喊
◆ 跳轉3 ◆	◆ 跳轉4 ◆

既然是潘母的請求，那也算是願望的一環吧，妳很快追上了潘岳，攔下他的車，將潘母的話複述給他。

「本官去不去，由妳決定。」潘岳讓馬車停下，笑著朗聲問妳，「想不想去街上轉轉？只要妳說一聲『想』，本官就不去宴會了。」

世上還有這麼簡單的條件？

妳……

A	B
想	不想
◆ 跳轉5 ◆	◆ 跳轉7 ◆

做迷妹，就要做最特立獨行的那個。

妳發動【百戰百勝】衝到人群最前面，拾起地上一個果子，掂量掂量，毫不猶豫地朝著大眾男神潘岳的腦門砸了過去。拋物線計算有誤，低了一點點，砸在了潘岳的胸口，滾落到他腿上。

此舉果然引起了潘岳的注意，他抬起頭，朝著妳這邊望過來，好像還在妳身上定格了一瞬間，一抬手讓車停下。

作為擲果兇手，妳立刻受到了諸多仇恨目光的洗禮。

這反應……太強烈了吧！妳訕笑著向後退去，眾多熱情的姑娘憤怒地朝妳圍來。完了完了，作死了，按照發展這個時候應該要從頭再來了吧？

妳緊張地閉上眼，遲遲沒有聽見系統提示，周圍卻漸漸安靜下來。妳納悶地睜開眼，發現人群讓開了一條路，潘大人竟拿著果子，下車朝妳走了過來。

「妳丟的？」潘岳走到妳面前，嘴角揚起一絲捉摸不透的笑。

「我丟的。」妳發出乾笑，「潘大人好眼力，哈、哈……我有要事找大人，還記得許過的願望嗎？我來實現你的願望……」

「哦？願望？」潘岳掂量掂量果子。

妳生怕下一刻它就砸在妳頭上，連忙退了退，卻被他一把抓住衣袖。

「往哪去？」

「不是不是，我沒想逃命！」妳拚命辯解，「那個，大人，男女授受不親……」

「先說好，妳不逃跑。」

這人咋這麼記仇？

聽妳對天發誓不離開，他才慢悠悠地鬆手，領妳往車上走去：「走吧，願望的事，車上談。」

妳坐在潘岳的車上，很慌。

潘大人好興致，用衣袖仔細擦擦果子上的灰塵，遞過來：「吃嗎？」

妳惶恐接過，咬了一口：「那個，潘大人的願望是什麼？」

「唔，願望……」潘岳望著窗外，沉吟著，怎麼看怎麼漫不經心，「以前來過這

兒嗎？」

京城？妳搖頭。

「也好，哪天本官帶妳轉轉，京城不比河陽縣，不過必定會有妳喜歡的去處。」

河陽縣，那不是他當縣令種花的地方嗎？歷史上的第一美男怕不是個自來熟吧？

「大人，還沒說你的願望呢。」妳又問了一遍。

「願望……妳可知道本官的亡妻？」

總算有任務目標了，妳連忙點頭。

「阿容和家母感情很好，阿容離開後，家母總是以淚洗面，如今犯糊塗時還會喚起她。」他叮囑妳，「妳便住在本官府上，冒充亡妻讓老太太開心開心。」

「啊？」妳目瞪口呆，這年頭真是啥願望都有，「可這……不會露餡嗎？」

他笑著看著妳，語氣意味深長：「放心吧，不會。」

看來在潘岳被捲入八王之亂之前，妳是走不了了。

在他的安排下，妳搬進潘府，輕輕鬆鬆實現了無數西晉少女的夢。他引妳拜見糊塗的老太太，潘母緊握著妳的手不肯放開，老淚盈眶：「回來就好啊……好久沒吃到妳做的飯了……」

妳最見不得老人家流淚，連忙發揮演技，完美代入楊容姬：「是啊，娘，我回來了……我這就給您做飯去！」

恭恭敬敬走出屋，妳鬆了口氣，忽然聽見一聲輕笑，抬頭冷不防瞧見潘岳，原來他一直守在門口：「本官也想吃。」

「想得美，願望條款裡可不包括假戲真做。」妳白了他一眼。

日子一天天過去。這次任務格外輕鬆，沒多少要抉擇的地方，還能悠閒地曬太陽。不過讓人納悶的是，潘岳好像比妳還入戲，吃穿用度都給妳最好的，甚至偶爾官場的事，他也回家跟妳嘮叨。

這個人熱衷於官場往來。

妳漸漸看見他「趨世利」的那一面。西晉開國功臣賈充的外孫賈謐權勢浩大，常常宴請文人，討論文學。被宴請的二十四人皆是大文學家，其中就包括潘岳。潘岳常常和他們聚在石崇的金谷園裡談論文學。

妳明白，他意在附會賈謐，甚至遠遠見賈謐乘車時的飛揚塵土，便開始行禮。

妳遇見的潘安，已不是弱冠青年時的他。

妳能從他捉摸不透的笑意裡窺見幾分野心，偏偏他生了一副純粹的文人面龐，如此清貴而高華，就連諂媚賈謐時都顯得坦然。

距離歷史上潘岳遭到牽連的那一日也漸漸近了。

就在潘岳前往金谷園的某日，糊塗的老太太忽然清醒了片刻，抓著妳的手哭道：「岳兒就是不安分，遲早會招來禍端啊……快追過去，別讓他去參加賈謐的宴會了！」

這……潘岳的心願是哄母親開心，可如今這個請求，妳是同意還是不同意呢？

| **A**
追過去
◆ 跳轉2 ◆ | **B**
不追，安撫潘母
◆ 跳轉6 ◆ |

④

「潘大人！潘岳！潘安！」

妳跟著瘋狂的人群大喊，換了好幾個稱呼，無奈潘岳壓根沒看妳一眼。也不怪他，妳的聲音淹沒在無數喊聲裡，太過渺小了。

妳只好眼睜睜地看著潘岳遠去。

達成結局【泯為眾生】

 系統錯誤，即將為您調試……
調試失敗，跳轉3◆

啊？怎麼回事？

⑤

「好啊。」妳點點頭。

潘岳眼中亮起神采，在下人的驚呼聲中跳下馬車，一把牽起妳的手大步向前

去，早已走過弱冠歲月的人，此時卻像個少年般開心。

「果然，妳會答應。」

「你為什麼知道？」妳好奇地問。

潘岳笑而不答，他旁若無人地牽著妳，在眾多女兒家豔羨的目光裡，你們快步走過京城熙攘的街市，一直逛到華燈初上也不覺得疲憊。

潘岳買下一枝商販籃裡的桃花遞過來。

「大人喜歡桃花？」

「有人比本官更喜歡，喜歡到讓本官為她栽下一縣的桃花。」

妳似懂非懂地點頭，是楊容姬嗎？

潘岳卻答非所問，悠悠開口：「本官十二歲那年，家裡來了一位貴客，名儒楊肇，還領著他十歲的小女兒同來。小丫頭調皮得很，東看看西望望，跟在本官身後一口一個潘哥哥，混熟了之後愈發無法無天，有時居然裝作不認識，藏在人群裡跟著朝本官丟果子，正砸在頭上，疼了三天。她那樣的姑娘，除了本官，還有誰能降服？所幸本官十二歲便有先見之明，提出婚約降了她。再後來，她纏上了本官，彌留之際還抓著本官的手，說讓本官等。本官等啊等，轉眼就等到了今天。」

「還想不起是誰嗎？」他話語一頓，溫柔看妳，「本官眼睛裡的那個人。」

他在說什麼？

妳從他盛滿笑意的雙眼裡看到妳自己。

往日捉摸不透的笑，看清之後，分明是久別重逢的喜悅、感慨、害怕再失去的惶恐……

妳下意識摸了摸自己的臉，彷彿有什麼東西正寸寸剝離。

「我帶妳離開京城，去一個誰也不知道的地方生活，好嗎？」他輕聲問。

「我是……」

A

楊容姬

◆ 跳轉11 ◆

B

02號

◆ 跳轉10 ◆

6

妳安撫潘母睡下，放棄了去追潘岳的念頭，改變歷史，這不在妳的任務範圍內。

> 系統提示！

久違的系統音終於響起，妳心裡「咯噔」一聲，難道這個會降低成功率？

> 系統調試失敗……跳轉到12◆

7

妳不想去賞花。

潘岳沉默一下，緩緩點頭：「好，我不怨妳。」

「妳已經不是妳了，我該放妳走了……」

妳目送著他離去，始終想不通這句話的含義，系統卻緊急提示這次任務出錯，強行召妳回去。

達成結局【系統錯誤】

8

妳等待著他的回答：憤怒、失望、傷心……可這些統統都沒有發生。

他只是沉默著，慢慢收回了伸出的手。

半晌，這只手放在妳的頭上，他撫了撫妳的頭髮，輕輕地笑：「等什麼呢？ 妳自由了。」

系統提示您：任務完成，即將離開副本——

「妳知道我的願望是什麼嗎？」

「我的願望，是行妳所願。」

達成結局【行妳所願】

9

時間倒轉，場景重構，連天燈影描摹出男子高挑的身材，金色的燈火映上他神情溫柔的臉龐。

他朝妳抬起手，微笑著：「只要妳開口，我說到做到。」

妳忽然想起十歲那年隨爹爹一同看過的好春光，還有那同春光般漂亮的少年，他眉宇間稚氣未脫，一字一句，堅定不移：「我要娶妳，說到做到。」

> Ⓐ
>
> 「我跟你走。」
>
> ◆ 跳轉11 ◆

> Ⓑ
>
> 「抱歉，這只是我的職業。」
>
> ◆ 跳轉8 ◆

⑩

妳甩開他的手。

妳聽不懂他在說什麼，驚恐地匆匆逃開，潘岳追過來幾步，他從衣襟裡拿出半張字條，想遞給妳，卻被妳遠遠甩在人群後。

◆ 系統錯誤，執行人員狀態異常。◆

妳的腦海一片混亂。

「容兒，別玩了，快來見見潘家的小公子……」

不知誰的記憶湧了上來。

「妳這丫頭，躲在人群裡朝我扔水果也就算了，還扔在我腦袋上！」

是誰？

「容兒，我要娶妳，說到做到。」

妳知道，因為擅自逃離，妳沒有完成本次任務。可腦海裡的這些聲音是誰？妳胡亂跳轉幾次時間，來到了歷史上晉惠帝執政時的永康年間。

妳站在潘府門前，已是滿目蕭條，不見那個朝妳笑的男子。

潘岳與眾多附會者皆被抄斬，誅三族。

妳愣愣地站著，有人將一張字條遞過來，說是潘大人臨上囚車前托人交給妳的。

02號曾穿越至西晉王朝，化身孩童楊容姬執行任務，與本朝古人潘岳相戀，私奔二十餘年，嚴重違反條例。後被系統強行回收（楊容姬身份病逝），清除記憶。

等我回來

跳轉到9 ◆

11

系統出錯，執行人員02號失去聯繫⋯⋯

執行人員02號確認失蹤⋯⋯

同時歷史人物潘岳於「八王之亂」前辭官歸隱，從此史冊再無記載。

又一年。

妳從集市歸來，見他在花下等妳。

河陽縣今年依然桃花灼灼，漫山遍野，緋雲交映。

潘岳本是負手面朝花樹站著的，聽到妳的腳步聲漸近，他在霞光裡一回身，卸去昔日官宦氣，粗衣白裳，笑容比漫天暖色更溫柔。

「我帶妳回家。」

達成結局【廝守終生】

12

妳稀裡糊塗地來到了這兒。

怎麼回事？一開始的系統錯誤已經讓妳感覺很奇怪了。

系統提示⋯⋯跳轉到2 ◆

為什麼系統不讓妳離開這裡，一定要追過去嗎？

孫策

江東男神的進階之路

文／一言

　　站在有些陌生的院子裡，身著長衫的英俊少年眺望著院牆外隨風搖擺的墨綠柳枝，長長地舒了一口氣。

　　自年初舉家搬到壽春城以來，幾乎每日都會有所謂的名士前來拜訪。而這一年，父親接到了袁術的書信後領兵出征，共伐董賊，兩位姐姐不便與外人相見，幾位弟弟又皆年幼，接待賓客的重擔自然地落在了少年的肩上。

　　在待人接物方面，少年還算擅長，如此數月，甚至在坊間獲得了上佳的名聲。然而少年卻對此不以為意，他知道，那些所謂名士的真正目的是結識自己的父親，若是真心想為漢室出力，何不直接加入討伐董卓的隊列？少年在心底嗤笑了一聲，

放下此事，為另一件真正重要的大事頭痛起來 —— 三位弟弟的教育問題。

先賢有云，長兄如父。自己是長子，父親又不在身邊，自然得擔負起對弟弟們的責任，可問題是——

「這幾個臭小子，趁著我在屋內與人閒談，又跑到哪裡玩去了？」

無奈地搖了搖頭，少年邁步走向前院，準備去城中街巷裡把三個弟弟逮回來。

沒走幾步，少年突然聽見院門方向傳來二弟清脆的童音。

「長得特別好看的小哥哥，這裡就是我家！」

快步走到前院，少年立刻看到了三位弟弟，以及被他們擁簇在中間的那個少年郎。

稍顯瘦弱的體格、白皙的膚色、柔和的眉眼，少年下意識眨了眨眼睛，突然覺得二弟說得真對。

不等開口詢問，那位少年郎便拱手淺笑道：「想必您就是孫策了？」

「正是在下，」孫策不願失了禮數，回禮後才問道，「敢問……你是？」看對方與自己年歲相仿，少年想了半天，還是沒有加敬稱。

「在下舒縣周氏子弟，周瑜。」

孫策心生疑問——舒縣周氏乃是真正的名門望族，若此人真是周氏子弟……怎會孤身一人來到壽春？

周瑜並未在意孫策的反應，溫柔地請三位小孩子先行進屋後，這才帶著頗有深意的笑容望著孫策：「好奇我為何孤身來此？」

「嗯。」孫策思考片刻後回道。

「因為我想親眼見見你，」周瑜朗聲笑道，「『身長俊貌』、『頗有武勇』、『孫氏幼虎』，有如此名聲的同齡人，在下想要與之結識，不是什麼難以理解的事情吧。至於我為什麼是一個人來的，」周瑜絲毫不覺得尷尬，「因為我是偷跑出來的。」

孫策：「……」

「我等不及遞拜帖那一套，」周瑜的語氣轉為嚴肅，「我與你一樣，想在亂世中成就一番事業。」

看著對方那認真的神情，孫策眼中閃過銳利的光芒又迅速隱藏，他平靜地說：

「你可以直接投奔我的父親。」

「我還年少，」周瑜緩緩走向孫策，語氣誠懇又不容推拒，「然而時不我待，我們都需要抓緊時間磨煉自己，我想，以我家的名聲與財力，能夠給你和你的幾位弟弟提供最好的教育——無論是文史方面，還是⋯⋯軍事方面。」

見對方說得如此直白，孫策也不再隱瞞什麼，他盯著越來越近的周瑜的雙眼，低聲問：「為什麼？」

「因為這裡是屬於我們的江東，我想，它應該成為孫氏的江東，」周瑜在孫策身前停步，抬手拍在孫策的肩上，「不是嗎？」

聽到這句話，孫策深深地吸了一口氣，終於確認眼前這位少年郎與自己的志向完全一致。說實話，他早已受夠了父親還要聽從袁術的調遣，他想要的，是完全屬於孫氏的江東。

孫策抬手拍了拍周瑜搭在自己身上的胳膊，豪邁地笑道：「若我日後真的成為江東猛虎，你定是我這虎背上的雙翼！」

初平元年（西元 190 年），舒縣周氏之子周瑜慕名拜訪居住在壽春的孫策，並勸說孫策舉家移居舒縣，之後，周瑜特意提供了一處宅院供孫家居住。

然而，兩位胸懷大志的少年僅僅一起學習、生活了不過兩年時光。初平二年（西元 191 年），孫策的父親孫堅在袁術的指派下攻打劉表，不幸戰死，孫家便搬離了舒縣。

守孝結束後，孫策為了討回父親的舊部，被迫加入袁術麾下，此後數年，他不斷為袁術征戰，然而袁術此人心胸狹隘、反覆無常，數次食言。年少的孫策雖心有怨氣，卻還是忍辱負重，在沉默中靜靜地等待著。

終於，孫策渴求的機會來了。建安二年（西元 197 年），袁術突然僭越稱帝，隨即遭到了各地勢力的圍攻，孫策趁機與袁術決裂。此後，曹操以皇帝的名義向這位故人之子下了詔書，命其攻打袁術。

建安三年（西元 198 年），屢戰屢勝的孫策迎來了棄官投奔的周瑜，兩位少年知己終於再次相見。而此時此日，已是他們曾經討論過無數次的亂世。

兩年後，建安五年（西元200年）。

獨自坐在主將營中的孫策一口飲盡杯中的烈酒，狠狠地把酒杯摔在了地上。

「怎麼這麼大火氣？」有人推門而入，忍著笑意詢問。孫策沒有抬頭，因為可以不經通報進入這營帳的，只有一個人。

「該死的曹賊！」孫策扭頭啐了一口，怒氣中燒，「他自己都快要死在官渡了，居然還敢假借皇帝詔書，對我江東指手畫腳！」

「聲音小些，」周瑜不滿地皺眉，隨便找了張椅子坐下，「這是大漢的江東。」

孫策望著周瑜那張依舊如少年般姣好的面容，打了個酒嗝，道：「這是我們的江東！」

周瑜揮手扇開酒氣：「這句話還是我說的呢。」

「你說之前我就是那麼想的！」

周瑜懶得跟這個醉鬼置氣，他低聲勸道：「營中肯定有曹操的人，你說話小心一些。」

「呵，」孫策嘲弄般笑道，「曹操的人？曹操的人憑什麼管我江東的事！袁術死後，是我們和麾下的將士，一點一點打下了整個江東！」

「殺了董賊，又來了曹賊，去他的大漢！誰能搶到那個小皇帝，誰就是大漢！」帶著醉意喊出心底的話之後，孫策突然沉默了，他與同樣面色陰沉的周瑜對視著，心中漸漸湧起了一個想法。

「你說……」良久，孫策緩緩開口。

「曹操幾乎把全部兵力都放在了官渡，」周瑜不假思索地說，「若以輕騎奔襲許昌，或可一舉成功。」

「果然，」孫策大笑著伸手去拍周瑜的肩膀，「你一直都跟我想的一樣！」說完孫策收斂了笑容，「要急襲許昌嗎？」

「我今晚擬定計劃。」周瑜點了點頭。

「那麼，喝酒吧。」孫策起身去拿酒罈。

取杯倒酒時，孫策湊在周瑜的耳邊低聲問：「你確定我營外有投靠曹操的奸

細？」

「我確定他現在已經在著急地寫信了。」周瑜低聲回道。

「那就好。」孫策歎了口氣，忽然身形不穩，歪倒在了地上。

「你怎麼了？」周瑜慌張地伸手去扶他。

「喝多了，頭疼。」

「……」

次日，孫策截獲了奸細向曹操發出的信，隨即命兵士將其絞殺。

「幾年前殺了個許貢，居然還有心向曹賊的傢伙。」大致翻看完周瑜擬定的計畫，孫策不滿地對周瑜說，「這下總算放心了。什麼時候執行？」

「當然是越快越好，」周瑜有些放心不下，「說到許貢，他的幼子和幾個門客當時可是逃跑了，我怕……」

「有什麼好怕的？我可是江東小霸王。」孫策起身活動了一下肩膀，「太久沒有打仗，身體都快生銹了，不如今日去打獵吧。」

直到孫策都快走出門了，周瑜才反應過來這傢伙說了什麼，他急忙阻止道：「你是主將，不可置身險地。」

「哪次打仗我不是身先士卒？打獵算什麼險地。」說完，孫策便帶著十餘騎親衛離開軍營。

周瑜望著他的背影，隱隱覺得不安。

而這份不安，最終變成了現實。

建安五年四月四日，孫策於山中獵鹿，追尋獵物甩開親衛後，忽然碰到了三個人，心生警覺的孫策勒馬詢問他們是何人。

「我們是韓當部下的士兵。」

「韓當手下的人我都認識，但我從未見過你們。」孫策邊說邊搭箭射倒一人，其餘二人舉弓便射，箭枝橫穿孫策面頰。待親衛趕來殺死那兩人時，孫策已然重傷難治。當晚，孫策請來張昭等人託付後事，並將自己的一切交由二弟孫權繼承。

是夜，孫策逝世，年僅二十六歲。

此後數年，孫權在張昭、周瑜等人的協助下逐漸掌握了整個江東。建安十三年（西元208年），孫氏軍隊以周瑜為主將，聯合劉備軍大敗曹操於赤壁，奠定了天下三分的大勢。

於年少時相遇相知，兩位少年約定了為之付出一生的目標。百戰不殆的孫策打下了孫氏江東的基礎，智勇雙全的周瑜穩固了孫氏江東的統治。自建安三年孫策被朝廷封為吳侯至天紀四年的八十餘年間，江東，一直都是孫氏的江東。

護一國黎民蒼生

白起

一劍霜寒十四州

文 小咕咕

　　白起出生在眉縣的一個小村莊，他從小接觸刀槍劍戟、騎馬射箭，練就了一身的好功夫。

　　白起少年時，面容就十分英俊，與孩童們一起玩時，白起總是一襲披風，一柄木劍，站在眾人中央，被大家奉為將軍。

　　又過了幾年，白起已是龍章鳳姿，前來說媒的人踏破了門檻，但他沒有任何回應，依舊日復一日地練習武藝。

　　等到成年後，有人問白起：「你已成年，為何還不成婚？」

　　白起說：「我不想成婚。」

「為何？」

「我想為秦國開疆拓土，想被大王重視，做大將軍，想⋯⋯」

「如果你想要的，只能有一件呢？」

白起想了想，道：「吞併六國。」

白起實現夢想的機會很快就來了，他首次穿上大秦的戰袍指揮軍隊，是在新城之戰。

秦昭襄王十三年，秦軍攻打韓國的新城。這次戰役的規模並不大，也沒有什麼特別之處，可卻讓很多人都記住了萬軍陣中那個戰袍翻飛的英俊青年，叫白起。

白起在新城之戰中擔任左庶長，只是個中級將領，手下的兵士並沒有多少。在獵獵大風中，鐵蹄踩踏，將士廝殺，白起坐於戰馬之上，橫刀立馬、揮動戰旗的時候，彷彿身後有千軍萬馬。

白起在戰場的表現被另一個人看在眼裡，他就是大秦的丞相魏冉。

新城之戰之後，韓國為了奪回故地，聯合魏國再次攻打秦國，魏冉推薦白起出戰。白起率領秦軍與韓魏聯軍戰於伊闕，此時他位居左更，統領更多的兵士，在戰場上綻放出了更耀眼的光芒。

白起麾下的兵力不及韓魏聯軍一半，但他大破敵軍，斬士卒二十四萬，拔取五座城池，並俘虜了聯軍主將公孫喜。

戰後，白起的名聲傳遍了七國，當然也傳到了秦昭襄王的耳朵裡。

秦昭襄王對他的戰績很是滿意，提拔他為國尉，並下令親自召見。秦昭襄王已根據官員的敘述和民間傳言，在腦海中勾勒出這位青年將領的模樣。初見之下，他沒有失望：白起確實雄姿英發，施禮、叩謝都翩翩有禮，不失分寸。

當白起抬眼的一刹，秦昭襄王不由得讚歎：這是怎樣一雙無比專注而又冷峻的眼睛，他那時便確定，這不是一個人，而是一柄劍，大秦最鋒利的一柄劍。

此後，白起一直所向披靡：秦昭襄王十五年，他被封為大良造，攻打魏國，奪取城池六十一座；秦昭襄王二十一年，攻打趙國，奪取光狼城；秦昭襄王二十九年，攻佔楚國的郢都，焚燒夷陵，被封為武安君；秦昭襄王三十四年，攻打趙、魏

聯軍，俘獲韓、趙、魏聯軍大將，斬首敵軍十三萬……戰神白起的名號響徹七國，無人不曉。

人們似乎看到了白起的結局：打仗、勝利，循環往復，直到大秦吞併六國，稱霸天下。

秦昭襄王四十七年，秦國將主要矛頭對準趙國，先利用反間計陷害老將廉頗，又令武安君白起做上將軍，帶兵出征。趙國任趙括為主將，兩軍交鋒於長平。秦軍先佯敗逃跑，趙括乘勝追到秦軍營壘，卻久攻不下。

此時秦軍一支兩萬五千人的奇兵逼近趙軍，切斷他們後路；另一支五千人的隊伍飛速奇襲趙軍營壘，把趙國軍隊割裂成孤立的兩部分，堵住運糧道路。

趙軍斷糧四十六天，已經到了人吃人的地步，終於忍無可忍，朝秦軍營壘進發。可此時他們的進攻彷彿以卵擊石，秦軍輕而易舉就射殺了他們的主將趙括。趙軍本來就是勞累之師，現在又群龍無首，於是四十萬趙軍向白起舉起了白旗。

這一戰，本該是白起征戰生涯中最濃墨重彩的一筆：以少勝多，奇正相間，足以成為千古流傳的經典戰例。但他面對四十萬趙軍，做出了一個令人震驚的決定：只留下幾百個年輕人回趙國報信，其餘人全部坑殺。

從此喚白起為「戰神」的人變少了，他的名聲漸漸成了「殺神」、「人屠」，人人都視他為殺人不眨眼的惡魔。

白起沒有為自己開脫過，他沒辦法和所有人解釋清楚，長平之戰看似大獲全勝，但常年征戰之後，秦國國力已經虛耗到了極限，根本無力接納這幾十萬降卒。就算勉強受降，他們軍心未定，若趁機謀反，後果不堪設想。

這也便罷了，畢竟一將功成萬骨枯。現在是繼續攻擊、吞併趙國的最好時機。趙國滅亡，那麼大秦的王霸之業勢在必行。此業能成，便一生無憾。

可白起最後的期盼被剝奪了。正當他制定好戰略，準備率軍再戰時，秦昭襄王下令，要和韓國、趙國緩和關係，只要他們肯割地賠償就不再出兵。

白起上疏反覆給秦昭襄王分析形勢，如果錯過現在的時機，日後再想戰勝趙國，會更加困難。但秦昭襄王依舊堅持自己的命令，要求白起休戰回朝。

回國後的白起一下子蒼老了許多，他辭謝了秦昭襄王的召見和封賞，謝絕了各種慶功宴，只是自己待在家裡，或到院子裡走走，練幾招劍。

想來看望白起的人很多，但是白起都回絕了。他半生戎馬倥傯，沒有幾個朋友，唯一的朋友是當初舉薦他的魏冉。之後他們只要有機會見面，總要秉燭長談直到深夜，可惜彼時權傾朝野的秦相魏冉，因為勢力太大被秦王罷相，最終於陶邑鬱鬱而終。

白起回想起魏冉以前說過的話：「白起，你的軍事天賦當今天下無人能敵，不過這世上不只有戰爭，你也不能只專注於開疆拓土。你成於戰，也必毀於戰。」

當時白起的反應是不置可否，似乎從沒聽進去過。但其實白起心中都明白。

他清楚魏冉一生為秦國鞠躬盡瘁，是范雎在暗中挑撥，戳中大王的痛處，以致於魏冉被驅逐後幽憤而亡。他也知道，范雎看不得自己打敗趙國，位列三公，搶了他的權力，才說服大王休戰的。世間這樣的紛擾太多，一生能看到一件事，已經夠多了。

幾個月後，秦昭襄王發現自己的如意算盤打錯了，趙國沒有那麼好拿捏。他令王陵攻打邯鄲多次失利，於是又將希望寄託於白起身上。病中的白起虛弱地搖搖頭，對他說：「末將懇求大王不要攻打邯鄲。長平之戰後沒有乘勝而追，錯失良機，如今大秦國內空虛，倘若強攻，趙國都城裡應外合，我軍必然大敗。不如養精蓄銳，留待來日。」

秦昭襄王不耐煩地擺擺手：「武安君抱恙，就好好歇息。本王的策略還不勞武安君插手，武安君就在病榻上等著大秦一統天下的消息吧。」

秦昭襄王讓王齕代替王陵出征圍攻邯鄲，結果仍久攻不下。看到秦軍的頹勢，楚、魏兩國也趁勢作亂，率領數十萬人大破秦軍。

白起身在家中，卻一直心繫戰場。他聽說自己最得力的部下死於戰場，自己用心守護的百姓陷於他國鐵蹄之下，終於忍無可忍地感歎：「現在秦國成了什麼樣子！」

這話當然傳進了秦昭襄王耳朵裡，於是秦昭襄王不顧白起病體，強行要他帶兵

攻趙，白起依然拒絕。他願意為自己在戰場上的每一個行為負責，可是違背自己判斷的出兵，他絕對不去。

白起是亂世而出的英雄，但在秦昭襄王眼裡，他只是一柄劍。如果一把劍膽敢自作主張，那麼是時候將它一折兩段了。

秦昭襄王五十年十一月，大秦冬風凜冽。白起跪在杜郵亭外一片枯草中，雙目空洞地望著十里之外肅殺崇閎的都城，喃喃道：「我何罪於天，而至此哉？」半晌，周圍只是一片死寂，他嘴角扯了扯，自言自語道：「秦將白起坑殺趙卒四十萬，罪該當死……」

其實他何嘗不知道，自己征戰無數，躲過那麼多次兇險，最後還是死於政場中的暗箭。但人從戰場中來，就該回到戰場中去。曾經無數人因為秦軍的征戰喪失了生命，如今，自己就把生命還給他們。

說罷，他頸上利刃寒光一閃，鮮血汩汩而出。

秦武安君白起，卒。

白起看不到，在他死後，秦國各地的百姓自發祭祀他，為他祈福。百姓們不懂武安君的戰略，也說不清多年前他為什麼非要坑殺那四十萬人。

或許只因為他們是勤勤懇懇的大秦子民，而武安君，一直是赤誠為國的秦將白起。

願以萬千兵馬為聘，護你萬世無憂。

韓信

一代兵仙的養成手冊

文 拂羅

　　秦皇掃六合後不久，已有民心破裂之勢，秦愛紛奢，註定成為一根燃盡的柴。此時正是各路豪傑躍躍欲試的破曉前夜，其中包括項羽、劉季，也包括這個叫韓信的青年。此人「志與眾異」，認定自己會是亂世主角、軍事天才，口頭禪是「總有一天，我會出人頭地」！

　　每次聽他這麼說，父老鄉親都要翻個白眼：「那個遊手好閒的韓信……」

　　父母雙亡，家徒四壁，也沒個靠譜的謀生手段……成為豪傑的條件，韓信一個都不滿足。韓信唯一擁有的東西就是志氣，母親去世的時候，韓信窮得連喪事都辦

不起，卻拍著胸脯要找個寬敞的大墳地，能容得下萬戶的那種。①

鄉親們又翻個白眼：「那個遊手好閒還眼高手低的韓信……」

韓信無視這些聲音，繼續拎著劍在街上晃悠，懷揣著做人上人的大夢，尋思著明天的飯去哪蹭。

這世上很少會有人坦然接受自己的平庸。

在泡影被戳破之前，他總會拎著佩劍上街，拍著胸脯倔強地說，我不是普通人啊。

點醒韓信的人不是什麼大人物，只是個在河邊洗絲綿的大娘，她叫漂母。那天韓信摔門而去後餓得兩眼冒光，只好去河邊釣魚充饑，半天也沒釣上來一條，餓得眼冒金星，漂母看他實在可憐，就分出自己的飯給韓信吃。

這一分就是幾十天。

韓信很感激，拍著胸脯說：「老人家，等我日後出人頭地，我一定重重報答妳！」

漂母看他這滿嘴吹牛皮的模樣，想到這小子連個工作都沒有，恨鐵不成鋼，怒而答道：「大丈夫不能自食，吾哀王孫而進食，豈望報乎！」

你堂堂大丈夫不能養活自己，我是可憐你才給你飯吃，難道還指望你能報答我？

「可憐」——這個詞何其殘忍。

泡影「啪」地碎了，活在泡影裡的韓信忽然看清大家是如何看待他的，也明白了那些嘲笑聲是怎麼回事。

這是他人生的第一個轉捩點。

後來有個年輕屠戶看不慣韓信，就找碴羞辱韓信，在大街上嚷嚷：「我看你長得又高又大，其實就是個膿包！你要是不怕死，就用那把劍刺死我，不然，就從我胯下鑽過去！」

韓信打量了屠戶一番，選擇了最孬的一項。他慢慢地低下身，從對方胯下鑽了過去，然後在眾多嘲諷聲裡站起身，拍拍灰土，猛地推開人群，大步朝前走去。

「哎，他鑽了，你們看見沒有哈哈……」

---

① 《史記》：韓信雖為布衣時，其志與眾異。其母死，貧無以葬，然乃行營高敞地，令其旁可置萬家。

滿街人都追著他笑話個不停，沒人看見韓信握劍的手微微顫抖。

轉眼到了西元前209年，陳勝、吳廣起義之後，各地豪傑揭竿而起，韓信離開淮陰，帶著他的寶劍投奔項梁、項羽叔姪。站在項梁身旁那魁梧的年輕貴族，正是力能扛鼎喊著滅秦復國的項羽，韓信在新兵的吶喊聲中跟著沸騰：這才是男人該活出的模樣啊！

隨著項家軍衝鋒陷陣，韓信飛速地收穫了許多實戰經驗，項梁戰死後，韓信就在項羽身旁做了個執戟郎中，他志不在小兵，頻頻向上級提出意見[2]。

然而頂頭上司項羽一個都沒用。

韓信的耐心終於被磨滅，於是他毫不猶豫地轉投到劉老三麾下。可是，尷尬的事發生了，跳槽的韓信在劉邦這兒也不受歡迎，更要命的是，他還和其他十三人一同犯了軍規，罪當處斬。

被押著跪在刑場，看著其他人挨個掉腦袋的時候，一般人心裡肯定是絕望的：「我太難了，我還真不是出人頭地的那塊料。」

韓信沒有。

他從未質疑過自己的才華。

輪到韓信的時候，他怒目仰頭看著夏侯嬰，聲如雷震：「上不欲就天下乎？何為斬壯士！」

大王莫非不打算奪得天下？為何斬我這壯士！

這絕非區區一個小兵能喊出來的。

「慢著，我得跟他好好談談。」夏侯嬰抬手救了韓信的命。

早年劉邦還是泗水亭長時，夏侯嬰就在沛縣當馬夫，二人天天暢談到天亮，後來劉邦起事，夏侯嬰便形影不離地輔佐。和韓信交談過後，夏侯嬰覺得此人不普通，立刻回去稟報了漢王。

夏侯嬰：「我發現了一位SSR人才啊！」

---

② 《史記》：數以策干項羽，羽不用。

劉邦沒看出來，反應很平淡：「哦，那就給他個管糧倉的官兒吧，是金子在哪兒都發光。」

韓信：……

此時的天下局勢還不是韓信能插手的，他還需仰望那些豪傑的動向。項羽入咸陽後沿用了分封制，先封自己為西楚霸王，又把劉邦攆去老遠的漢中，封他為「漢王」。漢中是個荒涼的地方，天下將定，敗者為寇，劉邦大抵是出不來了。

山水迢迢，許多將士紛紛商量著逃跑，其中也包括不受重用的韓信。夏侯嬰聽到韓信逃跑的消息，大驚失色，連忙去告訴丞相蕭何，蕭何也大驚失色，來不及跟漢王說一聲，騎上馬就追韓信去了，好說歹說，把韓信給拽了回來。

這個典故大家太熟悉了，蕭何月下追韓信。

「報，丞相騎馬跑啦——」

劉邦：「啥？」

後來見蕭何居然自己溜回來，劉邦又喜又怒，恨不得給他個大巴掌再抱著他哭一場：「你跟著逃什麼？」

蕭何：「我哪兒敢逃跑啊，我是追逃跑的人去了。」

劉邦：「誰？」

蕭何：「韓信。」

劉邦：「你唬傻子呢？那麼多逃跑的你不追，追什麼韓信！」

蕭何：「其他人不追也罷，唯獨韓信這種人才，國士無雙，放眼天下也找不出第二個啊！」

劉邦這才正眼瞧韓信，但依然沒看出那小子有啥骨骼清奇的，蕭何表示此人心高氣傲，必須重用。

在蕭何的建議下，劉邦只好「擇良日，齋戒，設壇場」搞了個大將任命儀式，宣稱自己要任命一位大將。劉邦身邊的將領都挺高興，都以為是自己。結果任命通知下來：韓信。

眾將領：「什麼？」

那個默默無聞的韓信，一躍成了滿級帳號！

蕭何和夏侯嬰聯名鼎力推薦，此人究竟有多厲害？

劉邦也有同樣的疑惑，儀式過後，他邀韓信入帳細談。韓信便從各方面分析了項羽的弱點，得出項羽「婦人之仁」的結論，又細細比較了劉邦與項羽，提出項王未得民心，百姓哀怨連天，擊楚應採用「舉而東，滅三秦」的戰略──「三秦」指的是章邯、董翳、司馬欣三位秦朝降將，如今被項羽在關中封王。

劉邦大喜，相見恨晚。

韓信從此奠定了自己在劉邦心中的地位，劉邦從此也有了再奪天下的方略。韓信人生中的高光時刻終於來了，他用戰績證明，當初那個在淮陰說大話的少年，他的確是個軍事天才。

當分封制不再順應時代，項羽輕率的決定重複了亂世的悲劇。很快，在不滿的聲音中，各地開始揭竿而起反西楚霸王了，韓信「明修棧道，暗渡陳倉」，率軍迅速平定「三秦」，當年巨鹿之戰大放異彩的章邯兵敗自刎。

韓信打過敗仗嗎？沒有，一場都沒有。

在眾多質疑的聲音中，他不出三月鏟平「三秦」，率軍破魏、滅趙、脅燕、攻齊……攻必取，戰必勝。

十面埋伏、背水一戰、拔旗易幟……每一場戰役都是軍事神話，都精彩得能拍成獨立的電視劇，短短幾年，韓信就平定了北方的大部分勢力，楚河漢界的戰場，就以韓信這個名字徐徐拉開了序幕。

他成了漢王起落分天下的刀。

這段歲月，劉邦與韓信把酒言歡，劍指天下，好不暢快，昔日被淮陰混混羞辱的痛，被西楚霸王無視的苦，這些都在劉邦真切的讚譽聲裡化作往事。站在高高的點將臺上，韓信終於感受到，天下距離自己如此之近。

他眼裡多了某種東西，熠熠閃爍，那是每個英雄與生俱來，卻大多在流離中衰亡的野心。

西元前 202 年，天下歸漢，韓信作為異姓諸侯王前往楚地。他找到當年的漂母，賞賜千金；叫來當年的亭長，只給人家一百錢，留下一句「你是個做好事但有

始無終的小人」；召見了曾經那名屠戶，封他為中尉。

「你們看，難道我當年不能直接斬了他嗎？可我知道，殺他也不能揚名，所以忍下來，我才有今天啊。」

一個人終究要和年少時的自己和解，尤其是那些夜夜盤旋在心頭，夜半咬牙驚醒的屈辱往事，韓信終究要以某種方式去擊碎它。

到此為止，他不再是那個從別人胯下鑽過的市井青年。

他是堂堂正正的王啊。

後來項羽舊將鍾離眛逃來楚國，投奔昔日的軍中好友韓信。有人逮住機會說韓信要謀反，消息被劉邦知道了，他便假裝自己要去雲夢澤遊覽，背地裡準備襲擊韓信。

韓信剛出現，就被劉邦派人給抓住了，他不可置信，悲憤大喊：「果若人言，『狡兔死，良狗烹；高鳥盡，良弓藏；敵國破，謀臣亡。』天下已定，我固當烹！」

亂世時鋒芒太盛的刀，治世時難免看瘆得慌。

劉邦聽完留了他一命，但楚王是做不成了，韓信被貶為淮陰侯，其實就是被變相軟禁起來。

此後韓信終日怨憤，知道劉邦忌憚自己，便裝病不見。

後來有個叫陳豨的部將起事，劉邦外出平叛，韓信打算聯合家臣發動兵變，趁夜襲擊呂后、太子等人，不料被人出賣，走漏風聲，反被蕭何斬殺於長樂宮。

也有說法說這是呂后殺害韓信的藉口。至於歷史中韓信究竟有沒有反，其實已經不重要了。

你能讀懂淮陰的落魄青年韓信，就能讀懂兵仙韓信的一生。你能讀懂「成也蕭何敗也蕭何」，就能讀懂韓信的死亡。

世如浪，人如沙，怒浪聲中淹沒了百姓顛沛的身影，悠悠千古，不乏許多不甘隨波逐流的砂礫，要躍馬提槍，要驚鴻一現，要在歷史上留下一聲怒吼。

霍去病

自古英雄出少年

文　本人本人

　　男孩的娘是個奴才，他沒有爹。本來是有的，奈何爹就是個小吏，不敢娶阿娘，也不敢認他。

　　但命運總有浮沉，奴婢之子沒做兩年，由於小姨嫁給了皇帝，小男孩一躍成了天子的外甥。雞窩裡飛出金鳳凰，人們都暗暗羨慕男孩的好運。

　　在雕梁畫棟的宮殿裡，男孩逐漸長成了少年。他心胸開闊、意氣風發，又擅長騎射，皇帝對他十分寵愛，甚至要親自教導少年兵法。可誰知少年滿不在乎，他傲氣地揚起臉：「打仗要看將領如何謀劃，不必學習古人的兵法。」

　　皇帝一愣，轉而大笑。

十八歲時，少年跟著自己的將軍舅舅出征塞北。沒人對少年抱有期待，他就像一只珍貴的瓷瓶，皇上想讓他去軍隊裡鍍金，又怕他碎掉。少年自己卻難掩興奮，摩拳擦掌想要大展身手，全然不知道戰爭的殘酷無情。

等著看少年熱鬧的人不少，比起扶搖直上青雲端，人們顯然更熱衷於天之驕子跌落泥潭的劇情。他們竊竊私語：

「不過是奴婢之子，卑賤之身，上不了檯面。」

「少年心性。封侯掛帥可不是那麼簡單！」

「急功近利至此，怕不是瘋了！」

「聽說了嗎？ 他連兵書都沒正經讀過幾本，全然不懂作戰用兵之法。」

人們都這麼想，少年的舅舅也不例外。他知道少年心思跳脫不夠沉穩，不肯讓他自帶兵。可少年哪裡肯從，最後還是舅舅妥協了，分給他一小隊人馬讓他自己去玩。

說是一小隊人馬，實際只有八百輕騎。

輕騎的身影在遼闊無垠的漫漫沙場中忽明忽滅，如同月下尖刀反射出影影綽綽的寒光。少年交出了令人滿意的答卷：深入龍潭、直搗虎穴，斬敵兩千，俘獲單于的叔父。他一戰封神，功冠全軍，皇帝欽賜他為冠軍侯。

消息傳來，舉國震驚。人們突然發現，這個他們以為不過是雞犬升天的紈絝，原來是鳳凰雛鳥，要浴血才得見鋒芒。

從此，少年像是開了刃的神兵，未嘗一敗。鐵甲冠上霍家兒郎的姓名，月亮也染上血的紅光，彷彿這個朝代輝煌閃耀千百年的氣韻與俐落都凝結成了他一人長槍上的鋒芒。

他的名字傳遍國土，響徹漠北，少年成了戰神的代名詞。一份份捷報傳來時，再也沒有人質疑他的功績，人們只是暗羨。羨慕他富貴榮寵，羨慕他名揚天下。

匈奴也為此悲歌：「失我焉支山，令我婦女無顏色；失我祁連山，使我六畜不蕃息。」

皇上特意為他修建一座宅院，極盡奢華以示榮寵。恨不得用黃金做樑柱，紅玉

為磚瓦,鋪張十里開去。當皇帝將這座雕梁畫棟的宅院賜給他時,曾問他可還有什麼別的要求。

少年嘴上恭謹守禮,眉目間卻是藏不住的輕狂英氣。他說:「匈奴未滅,何以家為?」此言一出,震驚朝野。

匈奴百部,萬里疆土,說要盡滅匈奴,人們只覺得,這少年怕不是瘋了。

少年手下的將士也是這麼想的。

為了他的一場戰役,皇帝盡全國之力為他籌集物資和糧草。可是,他卻將準備的物資盡數丟掉。

在手下眾人驚慌又絕望的眼神中,他狂傲地說:「慌什麼?物資沒了,就從匈奴人嘴裡搶。」少年的眼神如同見到了羊群的狼王,閃爍著狠厲的光芒。

他傳下軍令,漠北之戰,全軍取食於敵。

事實證明他是正確的。這支饑餓之軍,比以往任何時候都要飽含戰意。既然國力支撐不起這樣一場戰爭,那麼乾脆棄之不要。讓死亡的陰影為祭品,練就一支奪命的神兵。

雖然如此,可當士卒們腹中饑餓,又想起將軍正在營帳中玩樂,難免泛起嘀咕:「你說咱將軍,是不是有點瘋啊。」

「噓噓噓,快小點聲。讓將軍聽到了這可不得了。」

還沒等他們議論完,號角聲響起,忽然傳來軍令,要召集全軍。

聞名大漢國的少年將軍站在高臺上,看不清面孔。只能看到他在烈日下閃著金光的甲冑和隨風顫動的翎羽。他讓手下拿來一罈美酒,對著眾人高喊:「這酒是皇上欽賜,贈予有功將士。萬千將士助我軍得勝,皆是我大漢功臣。這酒理當全軍共飲。」

說完,少年當眾將酒罈砸碎,取一捧酒泉,遙拜王朝,然後對著滾燙的太陽一飲而盡。酒水打濕了他的衣襟,又順著玄甲滑下,他卻渾不在乎。他孑然一身站在高臺上,看著眼前的眾人,那是同他出生入死的兄弟。

眾人也在看著他。他說「將士」，他說「功臣」，他說「勝利」，他說「全軍的榮譽」。

之前的兩位士卒互相對視一眼：「你說得對，咱們將軍確實有點瘋。」可他們眼中卻燃起了洶湧的戰意與渴望。

戰場是萬里的黃沙，朝堂是無聲的沙場。

少年戰功赫赫，已經超過了他的舅舅衛青。對武將來說，戰功意味著權勢與追捧。朝中的大臣嗅到這種味道，人心開始動搖。曾經圍繞在衛青周圍的那些謀士門客，都在找各種理由轉而投靠少年。

少年沒說什麼，只是將這些投靠者全部收入門下。在權臣眼裡，這幾乎等同於一種暗示，於是人們更加追捧少年，甚至貶損少年的舅舅，嘲笑舅舅的門客不識時務。畢竟，誰不喜歡萬人敬仰，誰不喜歡處處被追捧？他們覺得少年也是一樣。

有一位名為李敢的將士曾隨著少年征戰沙場、戰功赫赫，自詡為少年的朋黨，一時風光無兩。他人如其名，確實很敢做事。李敢與衛青曾有私仇，一直懷恨在心。又想到衛青如今門庭冷落，而自己風頭正盛，竟然直接出手打傷衛青。

衛青向來忠厚寬容，並沒有找他尋仇，也沒將事情公之於眾。李敢更覺得是衛青怕自己，心中越發得意。

一次秋獵，李敢小心地跟著一頭小鹿。他緩緩地舉起箭，心中想著，這鹿太狡猾了，這次定要一擊即中，卻沒留意一支閃著銀光的長箭破空而來，穿破輕甲直擊他胸口。那小鹿聽到聲響受了驚，轉頭就跑。李敢睜大了雙眼，難以置信地看了看自己被洞穿的胸口，又看向箭飛來的方向。

遠處的馬上，一人身著玄鐵金甲，頭上血紅的翎羽隨風飄揚。

是霍去病。

他更加不解，想伸手指向那人，卻已經無力抬起手指，整個人直挺挺地倒下馬去。

遠處執弓的少年將軍撫摸著弓箭笑了笑：「啊，李將軍怎麼這樣不小心，想要抓鹿，怎麼反被鹿給撞下馬了呢？」

少年嘴唇鮮紅，如同飲血一般。箭囊上的紅纓在勁風中發出瑟瑟的聲響。

「沒關係，兄弟一場，我來為你報仇。」說罷，他取一支箭射向遠處，長弓發出錚錚弦響，遠處逃跑的小鹿應聲倒地。

「看，一擊即中。」少年勾起嘴角，輕輕一歎。

而李敢仍雙目圓睜，想要罵一句瘋子，卻出不了聲，不久之後終於咽了氣。

因為皇帝的寵愛，少年沒有為此受到懲罰。李敢的死震懾住了其他心懷叵測的人，再也沒人敢隨意揣測他的心思。

野心家們曾經以為少年要追求名利，他需要萬人的傾慕和流芳百世；政客們曾經以為少年要的是位極人臣，他想憑藉著家族的寵幸為自己掙得滔天的權勢。可後來，人們發現自己錯了。

他是戰神在世，不似常人。他行事詭譎，不循禮法。

世人都愛財，他卻拒絕了金屋美妾。

世人都愛名，他卻從沒為流言蜚語爭辯過一句。

人人都知道他戰功赫赫，可是誰又知道，他看著塞外的雪時，喝的是什麼酒？

漠北邊陲，極目遠眺，蕭蕭萬里黃沙，一輪殘陽似血。城關的號角低沉，碧空上野雁齊鳴。塞外的風景單調枯燥，唯有年年將士們唱的家鄉小調換了又換。將軍總有倒下的時刻，這一路上，他且醉且歌，到底倒在這片為之戰鬥過的土地上。

一國之將，隕落在黃金盛年，埋骨於大好河山。眼前的一片荒草，來年又會有綠芽生長。胸中的一腔熱血，在地下澆灌出大漢王朝百年的龍脈。

最後遙望西北，千里之外，那是祁連山的方向。

少年將軍的眼中，依稀有笑意閃過。

將軍今朝埋骨地，來年春時百花開。

古代亂世英雄

測試

TEST

試 卷

第一屆

古代亂世英雄測試卷

（總分：100分 作答時間：30分鐘）

題號	一		二	三	四		總分
	1-5	6-10	1-5	1-5	1-5	1-5	
得分							

一、一不小心就會篡改歷史的連線題（40分，每小題4分）

（1-5題）

連線題 40分

三國九

填空題

判斷題

劉備	東漢末年	沒有威懾力都怪這該死的美貌。
高長恭	隋末唐初	今天也想不通是怎麼被劉老三搶了天下的。
項羽	南北朝 北齊	作為托塔天王的原型偶爾會很鬱悶。
李靖	秦朝末年	我，中山靖王後代，打錢。
曹操	三國時期	最近特討厭別人叫他阿瞞。

（6-10題）

韓信	西漢時期	怎麼一句話打敗別人？我老婆叫西施。
霍去病	春秋末期	這些被坑殺的冤魂，日夜伴隨著我。
范蠡	南宋時期	名字本身居然是一口毒奶。
白起	秦漢時期	青山有幸埋忠骨，白鐵無辜鑄佞臣。
岳飛	戰國時期	不瞞你說，是蕭何先追我的。

二、一匹馬的漫漫尋主路，三國另類大戲《主人去哪兒》。
（20分，每小題4分）

（1）我們的主角馬兒和主人走散了，它依稀記得自己的主人叫劉備，問題來了，它的名字叫＿＿＿？

A.的盧　　　　　　B.絕影　　　　　　　　C.楚騅

（2）我們的主角馬兒漫無目的地亂轉著，忽然瞧見烏林升起大火，將臨江的赤壁映照得火紅，十分可怕，它忽然想起，自己和主人是在＿＿＿中走散的。

A.赤壁之戰　　　　B.火燒博望坡　　　　　C.火燒連營

（3）我們的主角馬兒在火中驚慌逃竄，忽然遠遠瞧見一個英姿颯爽的傢伙，似乎是這場縱火戰的主帥，一身打扮正應了後世蘇軾的「羽扇綸巾」，他應該就是＿＿＿了。

A.主人整天掛在嘴邊的那個諸葛亮　　　B.東吳那個人氣男神周瑜
C.耍帥的路人甲

（4）戰場上兵器散落了一地，我們的主角馬兒不可能看到的兵器是＿＿＿。

A.馬槊　　　　　　B.諸葛連弩　　　　　　C.青龍偃月刀

（5）我方將領認出了我們的主角馬兒，將其領回了劉備身邊，回到城裡的馬兒有可能看到的服飾是＿＿＿。

A. 襴袍

B. 襦裙

C. 飛魚服

第一屆 古代亂世英雄測試卷

連線題

20分
三國大戲

填空題

判斷題

第一屆

古代亂世英雄測試卷

連線題

三國大

20分

填空題

判斷題

三、你是一個有抱負的時空記者，你這次的採訪對象是歷史上有名的美男高長恭。（20分，每小題4分）

（1）要採訪美男子，想想心裡還有點小激動呢，想要進人家的軍營就得穿鎧甲，不過，下列你最不能穿的鎧甲是＿＿。

A 兩襠鎧　　　　　　　B 明光鎧　　　　　　　C 絹布甲

（2）你見到了高長恭，他果然是個人美心善的男子，毫無將軍的架子，說隨你怎麼稱呼，你想了想，覺得有一樣稱呼還是不禮貌的，這個稱呼是＿＿。

A.「見過長恭兄。」　B.「見過蘭莊王。」　C.「高肅你好。」

（3）對於高長恭最出名的「率五百騎兵突圍擊退北周」之戰，你事先做過功課，正是＿＿。

A.邙山大捷　　　　　　B.鄴郡之戰　　　　　　C.巨鹿之戰

（4）採訪過高長恭，他邀你一同參加慶功宴，宴上將士們會跳起的舞蹈是＿＿。

A.霓裳羽衣舞　　　　　B.蘭陵王入陣曲　　　　C.敦煌飛天舞

（5）臨別之際，高長恭說要贈你瓜果，你想了想，不適合開口討要的是＿＿。

A.葡萄　　　　　　　　B.石榴　　　　　　　　C.鳳梨

李靖篇

1.李靖起初效忠隋朝，後轉而效力唐朝，經唐平蕭銑之戰、唐滅輔公祏之戰等，為初唐打下大半江山，列為「凌煙閣二十四功臣」之一。（　）

2.李靖最喜歡的兵器是三叉戟和寶塔，所以大家都叫他托塔李天王。（　）

3.紅拂女原名張出塵，原是隋朝臣子楊素的侍妓，早期李靖來投奔楊素，楊素不以為然，兩人交談之時，站在一旁的侍女張出塵卻對李靖暗生欽佩，於是趁夜尋找李靖訴說投奔之意，二人遂扮成商人離開長安，後結為百年之好。（　）

4.紅拂女夜奔尋李靖，兩人結為伴侶的愛情故事，出自唐人小說《三十三劍俠傳》，正史上也有記載。（　）

5.李靖，字藥師，所以大家也都叫他李藥師，雖然他並不會給人看病。（　）

記者篇

1.據蜀漢記者採訪，諸葛丞相稱自己並未氣死周公瑾，周公瑾脾氣很好的。（　）

2.據東吳記者報導，孫權怒稱草船借箭是自己的主意，並向孔明索賠名譽損失費。隔壁的諸葛丞相表示：「這鍋我不背，左拐羅貫中。」（　）

3.據秦朝記者採訪，兵仙韓信矢口否認當年曾投奔項羽，因數年

第一屆 古代亂世英雄測試卷

連線題

國大戲

填空題

20分
判斷題

沒升職怒投劉邦之事:「我不是,我沒有,別胡説。」(　)

4.秦朝記者想拎著劍在街上晃蕩,覺得身在古代不會有人來查水表:「我學韓信。」(　)

5.戰國記者打算尊稱胡服騎射的趙雍為「趙武靈王」。(　)

參考答案
（知識點歸攏）

一

（1-5題）

劉備──三國時期──我，中山靖王後代，打錢。

曹操──東漢末年──最近特討厭別人叫他阿瞞。

高長恭──南北朝北齊──沒有威懾力都怪這該死的美貌。

項羽──秦朝末年──想不通是怎麼被劉老三搶了天下的。

李靖──隋末唐初──作為托塔天王的原型偶爾會很鬱悶。

✦ **劃重點：**

1.震驚，曹老闆竟不算三國時期的人？！

曹操：「看我幹麼？又不是我想退場這麼早，我領便當的時候還是東漢呢，之後丕兒在西元220年稱了帝，再後來劉備和孫權才晚一步稱帝，這才叫三國時期。」

2.略。

3.略。

（6-10題）

韓信──秦漢時期──不瞞你說，是蕭何先追我的。

霍去病──西漢時期──名字本身居然是一口毒奶。

范蠡──春秋時期──怎麼一句話打敗別人？我老婆叫西施。

白起──戰國時期──這些被坑殺的冤魂，日夜伴隨著我。

岳飛──南宋時期──青山有幸埋忠骨，白鐵無辜鑄佞臣

✦劃重點：

1.蕭何月下追韓信……咳，追趕的「追」；

2.霍去病最終病逝，年僅二十四歲；

3.「青山」指埋葬岳飛的棲霞嶺南麓，「白鐵」指秦檜跪像；

4.白起曾坑殺趙國四十萬降軍，是個被譽為「殺神」的男人。

二

（1-5題）

1.A　2.A　3.B　4.C　5.B

✦劃重點：

1.據《三國志》記載，的盧是劉備的愛馬，曾躍過檀溪救主一命；絕影是曹操愛馬；楚騅則是項羽坐騎。

2.關鍵字「烏林」，《三國志》等記載，赤壁之戰實為火燒烏林，映紅了對面的赤壁。（赤壁：躺了個槍）

3.羽扇綸巾：鳥羽扇，青絲巾。當時名士圈子裡比較流行的裝束，不單指諸葛亮，在赤壁之戰中周瑜才是精心策劃的那個人，並無借東風一事。而蘇軾詞中人物指周瑜──畢竟還有一句「小喬初嫁了」呢。

4.前兩者都是當時真實存在的兵器，且符合時代，而青龍偃月刀只存在於虛構的演義，唯一有關聯的「掩月刀」出自宋朝，顏值很高，但因重量只適合儀仗使用，是一把善良之刀。

5.襴袍盛行於唐朝，飛魚服盛行於明朝，而三國時期服飾特點大體沿用漢朝，所以漢代襦裙正確。

三

1.C 2.C 3.A 4.B 5.C

✦ **劃重點：**

1.絹布甲出現在唐朝，是無防禦能力的裝飾性鎧甲，如果你穿著去南北朝，對你來講就是「牢底坐穿甲」。

2.高長恭本名高肅，而過去「蘭陵」今為「棗莊」，他不會介意你叫他棗莊王——他壓根聽不懂，但會很介意你直呼其名，在古代直呼其名形同罵娘，後果很嚴重。

3.邙山之戰：蘭陵王率五百將士衝入北周包圍圈，解圍金墉城，為了歌頌這位戴面具入陣的將領，將士們高唱〈蘭陵王入陣曲〉；

鄢郢之戰：白起七萬兵VS楚國三十五萬大軍勝利；

巨鹿之戰：項羽五萬兵VS秦國四十萬兵勝利，三者都是以少勝多。

4.略。

5. 鳳梨產自巴西，於十六世紀才傳入中國，向人家要，人家也聽不懂。

四‧李靖篇

1.✓ 2.✕ 3.✓ 4.✕ 5.✓

✦ **劃重點：**

1.凌煙閣：唐朝李世民為了表彰開國功臣而建的高閣，李靖作為經典的開國名將，名列其中。

2.撞名的托塔李天王，出自明代神話小說《封神演義》，是道教

神仙李天王，不過原型正是唐朝李靖。（李靖：有點點鬱悶，我兒子真不叫哪吒。）

3.略。

4.出自唐人小說，正史上無明確記載，單身狗可心安。

記者篇

1.✓ 2.✓ 3.✕ 4.✕ 5.✕

✦劃重點：

1.「三氣周瑜」僅出自《三國演義》，正史中周瑜是個暖男，與其交談「若飲醇醪，不覺自醉」——程普親口說的。

2.「草船借箭」確出自孫權之手，《魏略》有記載[1]。

3.韓信早期的確投奔過項梁、項羽，因不受重用而轉投劉邦麾下，後因亦不受劉邦重視出逃，被蕭何追回，此後才成為劉邦麾下一員大將。

4.玩刀有風險，除了貴族或者官員之外，秦朝的百姓禁止攜帶管制刀具。

5.「武靈」可是諡號，不知那位記者如今健在否。

---

[1]《魏略》：權乘大艦來觀軍，公使弩亂發，箭著其船，船偏重將覆，權因迴船，復以一面受箭，箭均船平，乃還。

TITLE

君子溫如玉

STAFF

出版	瑞昇文化事業股份有限公司
編著	古人很潮
總編輯	郭湘齡
責任編輯	張聿雯
美術編輯	許菩真
封面設計	許菩真
排版	洪伊珊
製版	明宏彩色照相製版有限公司
印刷	桂林彩色印刷股份有限公司
法律顧問	立勤國際法律事務所　黃沛聲律師
戶名	瑞昇文化事業股份有限公司
劃撥帳號	19598343
地址	新北市中和區景平路464巷2弄1-4號
電話	(02)2945-3191
傳真	(02)2945-3190
網址	www.rising-books.com.tw
Mail	deepblue@rising-books.com.tw
初版日期	2022年7月
定價	360元

ORIGINAL STAFF

責任編輯	李　恒
特約編輯	郭　昕　郝臨風　買嘉欣
總編輯	熊　嵩
執行總編	羅曉琴
裝幀設計	許　穎　徐　蓉　趙一麟
人物插畫	魚　泡　匪萌十月
	鶴相歡　長風臨澤

國家圖書館出版品預行編目資料

君子溫如玉/古人很潮編著. -- 初版. --
新北市：瑞昇文化事業股份有限公司,
2022.06
208面 ;16.9X23.4公分
ISBN 978-986-401-562-7(平裝)

1.CST: 傳記 2.CST: 中國

782.2　　　　　　　　111005744